xq¹

EXPOSÉ STATISTIQUE

DU

TUNKIN,

DE LA

COCHINCHINE, DU CAMBOGE, DU TSIAMPA, DU LAOS, DU LAC-THO.

Par M. M—N.

SUR LA RELATION DE M. DE LA BISSACHER
MISSIONNAIRE DANS LE TUNKIN.

TOME SECOND.

LONDRES :

De l'Imprimerie de Vogel et Schulze, 13, Poland Street;

SE VEND CHEZ MM. DULAU ET CO., SOHO SQUARE ; DEBO
NASSAU STREET ; L. DECONCHY, NEW BOND STREET ; L
PANNIER, LEICESTER PLACE, LEICESTER SQUARE ; ET C
TOUS LES PRINCIPAUX LIBRAIRES DU ROYAUME UNI.

MDCCCXI.

ay-fon
hae
ort e.u 1796

fong-nhu-ong
puis quan trung
mort a.u 1792
canh-thin

EXPOSÉ STATISTIQUE.

DU

TUNKIN.

—

TROISIEME PARTIE.

—

CHAPITRE I.

vénemens principaux dans le Tunkin, la Cochin-
chine et autres Etats.

(1) PAR quels événemens les peuples dont nous
venons de tracer le portrait, sont-ils parvenus à
leur état actuel? C'est maintenant ce que nous
devons observer; sans toutefois nous proposer
d'écrire leur histoire, aussi obscure et incertaine,
que fastidieuse; et il n'est ni important, ni intéressant de savoir ce qu'a été, et ce qu'a fait
une nation, tant que ses institutions, ses mœurs,

ses usages n'offrent rien de remarquable; tant qu'elle n'a produit aucun homme, qui par son génie, ou par ses vertus, ou même par des crimes profondément combinés, mérite d'être connu. Les seuls événemens qui doivent ici fixer notre attention, sont l'origine de ces peuples, les changemens notables survenus dans leur existence morale et politique, et les scènes tragiques qui ont conduit à l'état actuel.

(2) Sous ce rapport, quatre époques à distinguer, la première qui remonte jusqu'à l'origine antique des Tunkinois, et s'étend jusqu'au commencement du seizième siècle; vaste espace de temps sur lequel nous n'avons à jeter qu'un coup-d'œil, parce qu'il offre peu d'événemens remarquables, beaucoup de confus et différemment rapportés, aucun qui soit intimement lié avec l'état actuel.

Le Tunkin érigé en souveraineté prospère d'abord, puis éprouve des troubles, et une grande altération dans sa constitution. Des Tunkinois émigrent en Cochinchine, et ce pays forme une monarchie; seconde époque qui finit vers le milieu du dix-septième siècle.

Le gouvernement du Tunkin se dégrade, la Cochinchine quoique subordonnée au Tunkin, et en étant tributaire, en devient la puissance rivale; une lutte presque continuelle s'établit entre ces états; et les événemens qui surviennent

dans l'un d'eux, ont influencé sur l'autre; troisième époque qui finit au milieu du dix-huitième
siècle.

La quatrième époque, objet principal de
notre attention, puisqu'elle comprend le temps
actuel, offre le spectacle le plus étonnant, le
plus terrible; des rois détrônés, et massacrés;
des rebelles se disputant à main armée les dépouilles du trône; ces convulsions politiques,
nées dans la Cochinchine, s'étendant dans le
Tunkin; par leur répercussion, le roi de ces états,
d'abord rétabli dans ses droits de souveraineté,
usurpés par un de ses sujets; puis ce même roi
expulsé et détrôné. Le roi de Cochinchine fugitif rentre dans ses états, en est de nouveau
chassé, y rentre encore. Nombre de fois vainqueur et vaincu, il recouvre enfin sa couronne;
par droit d'hérédité, et par droit de conquête,
il y joint celle du Tunkin, beaucoup plus importante; et ainsi dans la presqu'île de l'Inde
au delà du Gange une puissance est créée plus
grande qu'il n'y en avait jamais existé. Dans le
cours de ces vicissitudes, on voit des desseins
si profondément combinés, des perfidies si arti-
ficieuses, des stratagèmes si audacieux et si bi-
zarres, des scènes si tragiques et si atroces; d'autre part, une résistance si courageuse contre le
malheur, et un génie si sublime, enfin un résultat
si incohérent avec tout ce qui a précédé, que ces

B 2

événemens, marqués d'une empreinte extraordinaire, ont peu de ressemblance avec ceux men-
tionnés dans l'histoire d'aucune contrée, ni d'aucun siècle ancien ou moderne.

PREMIERE EPOQUE.

(1) Le Tunkin était anciennement une province de la Chine ; empire qui n'aurait point de
bornes, si l'on admettait les prétentions de son
souverain, qui considère toute la terre comme
soumise à sa domination, et les souverains des
autres États comme n'étant que ses lieutenans,
sur lesquels il se repose du gouvernement des pays
situés à une grande distance du lieu de sa résidence.

L'origine des Tunkinois étant la même que
celle des Chinois, on la fait remonter à une antiquité prodigieuse ; car les Chinois paraissent
venir des Indous, qui s'attribuent une existence
antérieure de quatre-vingt-huit mille années
à celle que les Juifs et les Chrétiens donnent
au globe terrestre ; et quelque surprenante que
soit cette antiquité, les Indous prétendent la justifier par la probabilité du long espace de temps,
qui a dû s'écouler, pour que les arts, et les sciences
aient été portés au degré, auquel ils sont parvenus ; mais cette opinion est évidemment illu-

soire, et même a été désavouée et contredite par les plus notables savans de la Chine, et singulièrement par Confutzée, leur chef, et leur oracle.

Les histoires de la Chine, qui ne sont pas apocryphes, ne remontent qu'à l'an du monde 1306; ce qui revient à 2,694 ans avant l'ère chrétienne; et est postérieur d'environ deux cent cinquante années au règne de *Fohi*, premier empereur Chinois, dont le souvenir ait été conservé *. Il y a quelque apparence que ce Fohi est le même homme, auquel nous donnons le nom de *Noé*; quoique Noé ait vécu l'an du monde 1656, et que les Chinois placent l'existence de *Fohi* en 1066. Ainsi la généalogie de la nation Tunkinoise identifiée à celle de la nation Chinoise, en la reportant jusqu'à *Fohi* et au temps attribué à son existence, remonte à 4751 ans antérieurs à l'année actuelle 1810.

La nation Chinoise, originairement concentrée dans les pays qui forment aujourd'hui le centre de cet empire, s'est étendue par des émigrations dans les contrées inférieures du sud-est. Un des premiers pays peuplés par cette voie, a été le Tunkin qui a commencé à être habité,

---

* Il est même des ouvrages récens qui n'accordent pas aux Chinois une existence si ancienne.

il y a un peu plus de deux mille ans; des émigrations du Tunkin ont peuplé la Cochinchine; d'autres émigrations de la Chine ou du Tunkin ont peuplé le Laos, le Camboge, le Tsiampa, et presque toute la presqu'île de l'Inde au delà du Gange, et même c'est une opinion reçue que les Siamois sont des Laociens émigrés.

Pendant plusieurs siècles les Tunkinois ont été des sauvages, uniquement occupés de pourvoir à leurs besoins physiques, ils menaient une vie qui n'avait rien de remarquable, et d'ailleurs n'ayant point l'usage de l'écriture, le souvenir du passé n'a pu être conservé que par tradition, moyen de transmission fautif et suspect par sa nature, ridicule et absurde, quand il émane d'un peuple grossier et ignorant, toujours disposé par l'amour du merveilleux à croire de préférence ce qui est incroyable. Ce n'est que depuis environ six cents ans que les Tunkinois ont commencé à écrire leur histoire. Aujourd'hui un historiographe est chargé d'écrire les événemens de son temps, et les matériaux lui en sont fournis ministériellement; mais ces annales restent secrètes, de crainte qu'elles ne fassent connaître les erreurs et les injustices du gouvernement; et elles ne sont ordinairement mises au jour, que dans les changemens de dynasties, parce que la censure de la dynastie précédente, tend à en justifier le détrônement.

Les annales du Tunkin remontent presque jusqu'au temps où ce pays a commencé à être habité, et comprennent près de deux mille ans; mais dans les premiers temps, elles n'offrent que les noms des chefs de l'état, quand les Tunkinois s'en furent donnés, peu d'autres faits certains, encore moins d'intéressans.

(2) Les Tunkinois, après avoir, pendant un assez long-temps, formé des hordes errantes, se réunirent, se fixèrent, et prirent la consistance d'une nation; ils étaient sujets de l'empereur de la Chine, qui nommait un d'entre eux pour les gou verner en son nom; bientôt, ils prétendirent se choisir eux-mêmes un chef, et pendant nombre de siècles la consistance de cet état a varié, et il a été tantôt province de l'empire de Chine, tantôt état séparé.

(3) Durant cette vicissitude, les dynasties les plus célèbres qui aient régné sur le Tunkin, sont celles des *Trien*, qui a régné pendant 97 ans, les *Han* occidentaux pendant 149 ans, les *Han* orientaux pendant 144 ans, les *Ngoolé* et *Luong* 314; les Chinois y avaient rétabli leur empire depuis 304 ans, lorsque *Dinh*, simple berger, qui paraît avoir été un tartare retiré dans les montagnes du Tunkin, avec quelques-uns de ses compatriotes, excita une révolte, se mit à la tête des Tunkinois, vainquit les Chinois, et

se fit reconnaître roi. Mais une nouvelle ré
volte survint, soit qu'elle fut fondée sur l'abus de
la puissance de ce berger-roi, soit que les Chi
nois eussent fomenté des mécontentemens ; *Trinl*
fut assassiné ; des guerres civiles s'élevèrent : plusieurs Tunkinois se disputèrent le trône ; l'ur
deux nommé *Lé-day-hong* y fut placé ; les Chinois l'attaquèrent, et il périt dans les batailles
qu'il leur livra. Son successeur plus heureux
remporta sur les Chinois plusieurs victoires, et les
mit hors d'état de troubler son règne. Ce fut
lui, qui construisit le magnifique palais des rois du
Tunkin, dont il ne reste aujourd'hui que des
ruines ; sa postérité lui succéda et porta pendant
216 ans la couronne ; une *fille* de cette maison,
héritière de la couronne, faute de descendans
mâles, la fit passer par son mariage dans la maison des *Han*, qui l'avaient possédée anciennement,
et qui y regnèrent encore 188 ans *. Pendant
cette dernière dynastie, il y eut beaucoup de troubles et d'usurpations, quelques partis appelèrent à
leur secours l'empereur de la Chine, qui y envoya
des armées, s'empara du pays, y rétablit son an-

---

* Suivant quelques relations, cette maison s'appelait *Tran*
et le premier roi, et la princesse son épouse qui lui avait ap-
porté en dot la couronne, furent massacrés.

cienne domination, le gouverna suivant une nouvelle méthode, et y envoya des vicerois Chinois avec des troupes pour sa garde.

Les vicerois ayant commis de grandes vexations, les Tunkinois se révoltèrent, massacrèrent le viceroi, et mirent à leur tête un prince d'une ancienne famille royale nommé *Lé-loi*. Ce prince qui était un grand guerrier, remporta plusieurs victoires, fut élu roi, et chassa les Chinois du pays, entra même dans le leur, et força l'empereur de Chine à reconnaître * l'existence de la monarchie Tunkinoise, à la charge d'un hommage et d'un tribut à l'avènement de chaque prince au trône du Tunkin †.

Dans cette époque le Tunkin, pendant qu'il a été gouverné par des vicerois Chinois, a commencé à se policer. La religion, les lois, les mœurs, les usages, les arts Chinois qui y étaient déjà introduits par l'unité d'origine, ont reçu un développement, et pris une consistance qui a résisté à tous les changemens survenus dans cet état. Ces

---

* Il n'est pas bien certain si ce fut ce prince ou son successeur qui força, par des victoires, les Chinois à reconnaître la monarchie Tunkinoise.

† Ce tribut consistait d'abord en de petites statues d'or, qui représentaient des coupables demandant grâce, simbole d'expiation pour le massacre du viceroi Chinois ; mais depuis, le tribut n'a plus consisté qu'en des barres d'or.

mêmes progrès de civilisation ont eu lieu dans la Cochinchine, et ont depuis été favorisés par une plus grande communication avec l'étranger. Mais les habitans du Lac-tho, du Laos et du haut Camboge, placés dans l'intérieur des terres, ont beaucoup moins participé à la civilisation; et une partie de ces peuples est restée absolument sauvage.

Deuxième Époque.

Les rois du Tunkin, que les nationaux nomment *Dova*, ont eu dès leur fondation une très-grande puissance, ainsi que tous les monarques de l'Asie; et les princes de la maison *Lé* n'en ont fait, pendant plusieurs générations, que l'usage le plus sage, le plus juste, le plus modéré; et ont régné, avec succès. Mais sous le dixième roi de cette maison, un de ses sujets nommé *Mac* * se révolta, le détrôna, et s'empara du trône dont sa famille était en possession depuis soixante et sept ans. Lorsque *Nquien-Phuoé*, seigneur Tunkinois, allié de la maison royale, attaqua ces *Mac*, les expulsa du trône, et y rétablit les *Lé*;

---

* Quelques auteurs ont écrit ce nom Mack.

pour récompense de ce service, il obtint pour lui, et pour ses descendans la dignité de *Chua-vua* qui confère le gouvernement de l'état sous les ordres du Dova.

(2) Un *Chua*, ayant pris en affection un de ses écuyers, nommé *Trinh* *, lui donna sa fille en mariage. Cet homme adroit, artificieux, perfide, conçut le projet de succéder à son beau-père dans la dignité de Chua, au préjudice de ses enfans. A sa mort, il parvint à se faire nommer gouverneur du Tunkin; et bientôt après il s'arrogea et obtint le titre de *Chua*.

Doan-iong, l'aîné des Nquien, dépouillé par son beau-frère, sentit le danger de sa situation, et pour s'y soustraire contrefit l'insensé. Mais *Trinh* ne s'étant point laissé abuser par cette fausse folie, *Doan-iong* y renonça, et convint de quitter le Tunkin, et de passer en Cochinchine, pour y combattre les *Mac*; qui fugitifs du Tunkin dont ils avaient usurpé la couronne, s'étaient retirés dans les montagnes de la Cochinchine, et y avaient conservé le caractère d'ennemis du roi *Lé*. Il passa en effet en Cochinchine avec un petit nombre de Tunkinois, et s'établit dans les plaines de ce pays; *Mac* ayant envoyé contre lui une armée, à laquelle

* Quelquefois ce nom est écrit Trinq.

il n'était point en état de livrer bataille ; il se retrancha, repoussa les attaquans, eut des avantages dans de petits combats, gagna une partie de l'armée de *Mac*, le força à quitter la Cochinchine, et se rendit le maitre de tout le pays, qu'il ne gouverna que sous le nom et l'autorité du roi *Lé*.

(3) Il faisait des voyages assez fréquens à la cour de ce roi, en apparence pour lui rendre des hommages, mais en effet pour s'insinuer dans son esprit; il y parvint; et lui ayant fait sentir que les Trinh le tenaient dans une honteuse dépendance, il engagea avec son aveu secret quelques gouverneurs de province à méconnaître l'autorité des Trinh; et se déclara pour ces rebelles, et même les soutint à main armée. Dès lors a commencé entre les *Trinh* à la tête du Tunkin, et les *Nguien* à la tête de la Cochinchine une guerre qui, suspendue de temps en temps par des traités, puis reprenant son cours, a duré près de deux siècles. C'est pendant une de ces suspensions que dans une petite plaine qui sépare le Tunkin de la Cochinchine, seule communication ouverte entre les deux pays, a été bâtie une muraille, afin d'empêcher les invasions d'une des nations sur le territoire de l'autre, muraille construite sur le modèle de celle de la Chine, mais moins bien, quoique ce modèle même soit fort imparfait.

(4) C'est aussi dans un intervalle de ces

guerres en 1558, que les droits des *Nquien* sur
la Cochinchine ont été reconnus, et que cet état
a été érigé en monarchie à la charge d'hommages et de tributs envers le roi de Tunkin.
Les *Nquien* investis de cette royauté, ont toujours rendu cet hommage et payé ce tribut, ex-
cepté dans les temps de guerre; parce qu'ils ont
alors prétendu que ce tribut étant remis aux
Trinh, servait à solder des gens de guerre contre
la Cochinchine.

TROISIEME EPOQUE.

Depuis l'établissement dans le Tunkin d'un
Chua héréditaire, les rois de ce pays qu'on nomme
Dova n'ont plus eu qu'une puissance illusoire.
Les *Chua* ont été ce qu'étaient en France du
temps de la seconde race, les maires du palais;
ils ont eu le commandement des troupes, et le
gouvernement de l'état, ils ont créé des impôts,
établi, destitué les officiers publics, décidé de la
paix et de la guerre; à la vérité, les ordres qu'ils
donnaient ne pouvaient être mis à exécution,
que quand le *Dova* y avait apposé son sceau; mais
c'était une pure formalité qui suivait indispensablement la signature. Telle était la nullité du *Dova*,
qu'il ne pouvait pas même choisir entre ses enfans
son successeur; les *Chua* seuls en décidaient.

Souverain par les lois, dans la réalité sujet couronné, prisonnier dans son palais, il n'en sortait que pour des cérémonies, presque toujours ayant un objet religieux, et rarement un objet politique. Un *Chua* eût même le projet de singérer à faire un sacrifice au ciel, prérogative religieuse, exclusivement réservée au roi ; mais la nation ne voulut point consentir à cette usurpation, et les *Chua* furent obligés de se contenter d'être tout puissans dans les affaires temporelles.

Pendant la durée de cette forme de gouvernement, quelques guerres se sont élevées entre la Chine et le Tunkin ; presque toujours les Tunkinois y ont eu l'avantage, mais elles n'ont été marquées par aucun grand événement ni suivies d'aucune conquête. Dans l'intérieur de l'état, la puissance du Chua étant devenue illimitée, et ayant dégénéré en abus et en vexations, le mécontentement national s'est manifesté par quelques insurrections, qui ont été appaisées et terminées par la punition des insurgens ; cependant l'état s'est affaibli par l'indisposition de la nation contre une puissance, qui était d'autant plus défavorable qu'elle ne résidait pas dans les mains dans lesquelles elle devait être.

(2) Dans ce même temps la Cochinchine gouvernée par des princes, qui presque tous ont été bons et vertueux, et dont quelques-uns ont été de grands hommes, se polissait, s'enrichis-

sait, acquérait une grande consistence et devenait la rivale de la puissance dont elle était tributaire; les princes qui ont régné en Cochinchine jusqu'au temps de la révolution qui y est survenu, sont *Doan-Jong* qui a régné 49 ans; *Sai-Nquien Vuong*, a régné 23 ans: *Luong-Nquien-Vuong*, 20 ans; *Hien-Nquien-Vuong*, 40 ans; *Ngui-Nquien-Vung*, 5 ans; *Minch-Nquien-Vuong*, 42 ans; *Minch-Nquien-Vuong*, deuxieme du nom, on ne peut dire avec certitude la durée de son règne. *Vo-Nquien-Vuong*, 28 ans. Le plus célèbre de ces princes est *Hien-Nquien-Vuong*, c'est à lui que la Cochinchine doit la conquête d'une partie du Tsiampa, et des provinces septentrionales du Camboge, et le perfectionnement de sa civilisation.

QUATRIEME EPOQUE.

(1) Par la forme du gouvernement du Tunkin, la vie ou la mort du roi ne faisaient pas une grande sensation dans l'état; mais il n'en était pas de même de celle du *Chua-vua*, entre les mains de qui était toute la puissance. Un de ces Chua qui n'avait point d'enfans ayant été assassiné secrètement par un de ses confidens, ses parens aussitôt qu'ils eurent découvert sa mort, se disputèrent le droit de lui succéder. La nation

se partagea entre eux ; les provinces, les départe-
mens adoptèrent des partis différens : et il s'en
fallut peu que chaque aldée ne fut en guerre avec
l'aldée voisine ; les terres furent ravagées, et inon-
dées du sang de leurs cultivateurs ; et dans l'espace de huit années les fléaux réunis de la famine
et de la guerre ruinerent et dépeuplèrent cet
état ; cependant le roi, profitant de ces divisions,
combattit les divers partis, et les soumit, la dignité de *Chua-vua* cessa d'être héréditaire ; et la
vocation à cette dignité dépendit du choix du
roi.

(2) La Cochinchine fut en proye à des événemens encore plus tragiques ; et à de plus lon-
gues calamités. *Vo-Nguien-Vuong* qui était monté
sur le trône en 1732 perdit, par sa conduite désordonnée, le respect et l'affection que les Cochinchinois avaient pour leur roi. Ce prince, dominé
par ses maîtresses, et par un ministre habile, mais
pervers, augmenta les charges de la nation, et
commit de grandes injustices ; séduit par une de
ses concubines, il conçut le projet d'appeler un fils
qu'il avait d'elle à la succession au trône, au préjudice de deux fils qu'il avait eu de son épouse ;
et fit en conséquence un testament qu'il confia à
son ministre, en le chargeant de prendre toutes les
mesures nécessaires, pour en préparer et en assurer l'exécution ; en conséquence ce ministre con-
féra les principales places du gouvernement à des

hommes dont il était sûr, et écarta ceux de la part de qui il pouvait craindre contradiction. Dans la dernière maladie du roi, il ne laissa approcher de sa personne, que des gens affidés; cacha la mort, jusqu'à ce qu'il eût pris des mesures pour faire reconnaître le successeur; fit emprisonner les deux fils issus de la légitime épouse; et proclama roi le fils de la concubine nommé *Anh-Vuong.*

Cette interversion de l'ordre de la succession à la couronne, excita un mécontentement et une indignation générale; mais les mesures étaient si bien prises, que la résistance fut impossible, et la soumission inévitable. Les fils légitimes du roi ne survécurent pas long-temps à leur emprisonnement. Le nouveau roi, jeune encore, et incapable de régner, laissa toute sa puissance entre les mains du ministre, de qui il la tenait; et qui prit soin de perpétuer l'enfance de son maître, en lui inspirant le goût des frivolités, des spectacles, de la débauche; et abusant de l'autorité, qui lui était confiée, il opprima la nation, et fit détester son administration.

(3) Des injustices monstrueuses et des vexations révoltantes devaient exciter un mécontentement général, et conduire à quelque catastrophe; elle survint, d'abord dans quelques provinces, eurent lieu des insurrections qui furent appaisées; mais c'était un feu étouffé et non éteint. Enfin

en 1774, a éclaté la révolution qui, par une guerre de vingt-huit ans, et une incroyable vicissitude d'événemens, a conduit à l'état actuel.

Des mandarins, qui avaient excité secrètement les mouvemens populaires, en ayant vu l'insuffisance, se déterminèrent à une plus grande mesure; et appelèrent à leur secours le roi du Tunkin, de qui celui de la Cochinchine était feudataire. A leur invitation, une armée Tunkinoise fut envoyée en Cochinchine; et l'entrée lui en fut facilitée par les habitans du pays. Le général Tunkinois, aussi politique que guerrier, manda au roi qu'il n'était point entré dans ses états pour lui faire la guerre, mais pour délivrer ses sujets des mauvais traitemens que leur faisait subir son ministre; que s'il voulait le remettre entre ses mains, il se retirerait sur-le-champ. Le jeune prince effrayé du danger, crût s'en tirer en livrant son ministre; mais dès que le général l'eut en sa possession, il marcha contre le prince, qui dépourvu de conseils, et incapable de s'en passer, ne vit de moyen de sûreté que dans la fuite; et se réfugia dans la basse Cochinchine, avec tant de précipitation, qu'il ne pût emporter ses trésors qui furent la proye du vainqueur.

(4) Avant cette invasion, parmi les insurrections qui avaient éclaté, il en était une qui n'avait pu être assoupie, à la tête était un nommé *Nhac*, homme d'une naissance obscure, dont la

famille était surnommée *Tay-son*, ce qui signifie montagnes occidentales ; surnom qu'elle tenait de ce qu'elle était originaire de cette partie de la Cochinchine. Cette famille qui a eu la plus grande part aux événemens qui ont décidé des destinées de la Cochinchine et du Tunkin, était composée de trois frères : *Nhac* l'aîné était un commerçant riche, autant qu'un commerçant peut l'être dans un pays où le commerce est presque nul ; cet homme ambitieux de puissance, s'était mis à la tête de quelques rebelles et s'était formé un parti. Le second frère, était un bonze, peu occupé des affaires publiques, et peu capable de les diriger, mais qui ayant un grand crédit parmi les bonzes, et par les bonzes sur le peuple, donnait une apparence de justice, et un caractère de sainteté au parti qu'il adoptait. Le troisième frère, nommé *Long-Nhu-ong* encore plus entreprenant, plus hardi, plus guerrier, plus artificieux que son frère aîné, était très-capable de seconder et faire réussir ses desseins, quand son intérêt personnel ne le portait pas à les contrarier, et à agir pour lui-même.

Lorsque les Tunkinois entrèrent en Cochinchine, Nhac profita de l'aversion naturelle des Cochinchinois contre cette nation, pour déclarer qu'il voulait prendre la défense du roi ; mais il attaqua les receveurs de ses revenus sous prétexte qu'ils étaient d'intelligence avec l'ennemi, et il pilla leurs maisons, et les caisses publiques.

(5) Cette manœuvre et ces pillages furent portés si loin, qu'on ne put se tromper sur l'intention de *Nhac*; et le roi de Cochinchine assembla de grandes forces pour marcher contre lui et contre les Tunkinois. *Nhac* trop faible pour résister, protesta que n'ayant pris les armes que pour le service du roi, il était prêt à les remettre à son général, qu'il trompa par cet artifice; et lui ayant débauché une partie de ses troupes et battu l'autre, il l'obligea à prendre la fuite; il marqua au roi ses regrets de cet événement, qu'il imputa à l'injustice et à l'imprudence du général, qui avait voulu l'accabler et le détruire, au lieu d'accepter ses offres et sa soumission.

Pendant ces combats, le jeune roi content de donner des ordres, et n'en suivant point l'exécution, ne s'occupait que de ses plaisirs et laissait piller et envahir son pays; la nation indignée le chassa d'un trône qui ne lui appartenait pas, et qu'il avilissait, et y appela un petit-fils du dernier roi légitime de la Cochinchine, échappé au massacre de ses parens. Ce roi indigne de l'être, s'enfuit et toujours livré à de vains amusemens, fut pris en sortant d'une comédie, et fut mis à mort.

(6) Le roi réintégré dans ses droits, avait,

avant sa restauration, espéré obtenir le secours de *Nhac*, s'était joint à lui, et même avait épousé sa fille ; mais bientôt ayant découvert les desseins perfides de son beau-père, il s'était échappé de ses mains. Il leva alors une petite armée, et marcha contre ce rebelle ; mais ne put lui résister ; et après quelques faibles combats, il fut obligé de se remettre entre ses mains. Il fut d'abord traité avec respect, mais bientôt après on le fit disparaître avec ses principaux officiers, sans qu'on ait jamais su ce qu'ils étaient devenus.

Le fils de ce prince leva une armée, marcha contre les *Tay-son* pour délivrer son père, qu'il croyait encore existent. Mais *Long-nay-ong*, le troisième des *Tay-son*, se présenta à cette armée, comme porteur des ordres du roi, qui avait disparu. Par une patente en bonne forme, il était ordonné de mettre bas les armes et de livrer ce fils qui manquait au respect qu'il devait à son père, et à la soumission qu'il devait à son roi. L'armée obéit ; le prince fut livré ; mais la princesse son épouse, qui était à l'armée, s'échappa avec son second fils *Ong Nguy-en-Chung* *, aujourd'hui empereur. On fit le procès au prince prétendu rebelle, et il eut la tête tranchée dans la place pu-

---

* *Ong* signifie seigneur ou maître, *Nguyen* est le nom de famille, *Chung* est le nom personnel que ce prince a porté dans son enfance.

blique de *Say-son,* qui s'était déclarée pour lui ; cette ville fut rasée, et presque tous les habitans furent mis à mort. Nombre de princes de la famille royale périrent dans les supplices, une confédération de Chrétiens qui étaient restés fidèles au roi, fut dispersée et détruite.

Le jeune *Nguy-en-Chung* sous la conduite de sa mère, se réfugia dans les bois, où pendant plusieurs mois cachés dans la cime d'un arbre touffu, ils n'avaient pour subsister, que les alimens que leur apportaient la nuit quelques confidens de leur retraite ; et ils ne parvinrent à s'en évader, que par le secours d'un évêque d'Adran, évêque *in partibus,* chef d'une mission chrétienne, homme qui jouissait d'une haute considération due à ses vertus, et à la supériorité de ses lumières, et qui a eu une grande part à toutes les déterminations du roi, depuis empereur, et à sa restauration.

(7) *Nguy-en-Chung* n'eut d'abord qu'un faible parti, et ne fut reconnu roi, que dans la province de *Dong-nai;* mais peu après, le nombre de ses partisans s'accrut, et il rassembla une armée de 40,000 hommes ; cependant il ne pouvait se flatter de soumettre les rebelles ; d'autant que, par la coupe de ce pays, une guerre entre les diverses parties de la Cochinchine, exige que les forces terrestres soient secondées par des forces maritimes, qui lui manquaient. Dans cette situation il se conduisit avec prudence et habileté,

s'empara par surprise de quantité de vaisseaux des rebelles, disposa d'une partie pour son service, et brûla l'autre. Ce succès semblait lui ouvrir un chemin à la victoire; l'année suivante, il rassembla une armée qu'il porta jusqu'à soixante et dix mille hommes; et ayant joint aux vaisseaux dont il s'était emparé des vaisseaux plus forts, que lui louèrent les Portugais, il marcha contre ses ennemis; mais les Portugais l'abandonnèrent au milieu du combat, ce qui fit échouer l'expédition; alors (1781) *Nhac* devenant plus audacieux, reprit l'offensive, et attaqua le roi qui fut obligé de se retirer, et fut abandonné d'une partie de ses troupes; mais luttant toujours courageusement contre la fortune, il se replia sur le Camboge, y renforça son armée et livra une bataille, où il était prêt de remporter la victoire, quand les éléphans, dont l'armée de Nhac était pourvue, et auxquels il n'en avait point à opposer, fondirent sur son armée, et la mirent en déroute.

(8) Vaincu sans ressource, n'ayant plus de retraite, ni de défenseurs dans ses états, il passa secrètement avec sa famille dans l'île de *Pullovai*, petite île déserte, située dans le golphe de Siam, où il n'avait qu'avec la plus grande peine, les choses les plus nécessaires à la vie, qui lui étaient secrètement apportées de la Cochinchine. Les *Tay-son* soupçonnant qu'il était retiré dans cette île ou dans quelques îles voisines, conçu-

rent le projet d'y envoyer des troupes et des vaisseaux pour l'enlever; ce qui le détermina à se réfugier à Siam.

Le roi de Siam lui avait déjà fait proposer de lui donner un asile; jusqu'alors le roi s'était refusé à cette offre, parce qu'il se méfiait de ce prince connu pour un tyran perfide; dans la situation terrible à la quelle il était réduit, il crut devoir s'exposer au moindre danger, et se rendit à Siam.

Il fut d'abord favorablement accueilli à cette cour; et bientôt après le roi de Siam ayant perdu une bataille contre une nation voisine; pour arrêter l'armée victorieuse, eut recours à son protégé, qui, avec trois ou quatre mille Cochinchinois qui étaient venus le trouver, joignit l'armée Siamoise, et battit les ennemis, qui demandèrent la paix, qui fut refusée; leur armée fut détruite, et ses commandans furent pris, et mis à mort suivant la coutume barbare de ces pays.

Au retour de cette brillante campagne, le vainqueur reçut du roi de Siam de grands éloges, et de grands présens, et en obtint une armée de dix mille hommes, avec laquelle il rentra en Cochinchine. Cette armée, secondée par les restes du parti du roi, eut d'abord quelques succès; mais bientôt après les Siamois ne s'occupèrent qu'à piller le pays qu'ils venaient secourir. *Nguy-en-Chung* indigné de ces exactions, et ne voulant point coopérer à la ruine de ses sujets, quitta l'armée et revint à Siam, où il fut bientôt après suivi par le général Siamois, qui avait été battu, et qui ne fut puni de ses pillages, et de sa défaite, que par une improbation de sa conduite.

(9) Dès que les *Tay son* n'avaient plus eu rien à craindre pour la basse Cochinchine, ils s'étaient occupés d'expulser de la haute les Tunkinois qui s'en étaient emparés. *Long-nhu-ong* se chargea de cette entreprise, il y réussit, surprit les Tunkinois, et les fit presque tous périr. Maître de la haute Cochinchine, il porta plus loin ses vues, et profitant du mécontentement qu'avaient excité dans le Tunkin les *Trinh*, qui tyrannisaient également et le roi de ce pays et ses peuples, il y entra, et par un stratagème qui ne pouvait réussir que dans un pays où la communication avec les pays voisins est en tout temps fort obstruée, et absolument prohibée en temps de guerre, il se donna pour être *Nguy-en-Chung*, roi légitime de la Cochinchine, qui était alors fugitif de ses états, et il annonça qu'il venait pour délivrer de l'oppression des *Trinh* le roi du Tunkin dont il était le vassal et l'ami. Ce déguisement lui procura l'accueil le plus favorable; l'armée que les *Trinh* envoyèrent contre lui refusa de combattre, et mit bas les armes; le chef des *Trinh* se défendit dans le palais; mais ayant été forcé et fait prisonnier, il se donna la mort

(1776) pour se soustraire à un supplice ignomi‑
nieux. Le vainqueur s'empara des trésors du
vaincu, et d'une grande quantité de munitions de
guerre ; il remit le roi du Tunkin *Lé* en posses‑
sion du gouvernement de ses états, et épousa sa
fille, toujours sous le nom supposé de *Nguy-en-*
Chung.

A peine le prix de cette fourberie était ob‑
tenu, que parut dans le Tunkin Nhac, qui n'ayant
point reçu de nouvelles de son frère, incertain de
son sort, et craignant qu'il n'eût reçu quelque
échec, venait à son secours ; cette apparition dé‑
couvrit la fraude, et la supposition de nom ; et
alors les deux frères furent obligés de sortir du
Tunkin.

(10) De retour en Cochinchine, Nhac voulut
avoir part aux dépouilles du Tunkin ; son frère
refusa de lui rien céder ; et ils étaient sur le point
d'entrer en guerre, lorsque le second frère inter‑
posa sa médiation et les concilia. La Cochin‑
chine fut partagée entre ces trois *Tay-son. Nhac,*
l'aîné eut le centre, le second eut la basse Cochin‑
chine, le troisième *Long-nhu-ong* la haute. Les
deux frères puînés, reconnurent leur aîné pour
leur supérieur.

Long-nhu-ong après s'être établi dans la haute
Cochinchine, entra de nouveau dans le Tunkin ;
et alors ne dissimulant plus son nom, ni ses in‑
tentions, il attaqua ouvertement le roi *Lé,* s'em‑

para de ses états, et le força de se refugier chez
l'empereur de Chine, dont ce prince à titre de
vassal, réclama la protection.

Long-nhu-ong, en possession du Tunkin, y
mit un gouverneur, et se retira dans la haute
Cochinchine, où il était sans troupes ; quand il
apprit qu'une armée de 40 mille Chinois, envoyée
pour rétablir le roi Lé, était entrée dans le Tunkin. Sur-le-champ il rassemble une petite armée,
court à marches forcées pour combattre l'armée
Chinoise, enlève sur sa route tous les hommes en
état de porter les armes, les force à prendre parti
dans son armée, fait massacrer tous ceux qui s'y
refusent, prend pour ses troupes toutes les subsistances, laisse les vieillards, les femmes. les enfans sans ressource, brûle les maisons de ceux
qui lui refusent des secours, ou que l'épouvante
a fait fuir ; tombe inopinément en désespéré sur
l'armée Chinoise, la taille en pièces, tue sur le
champ de bataille vingt mille hommes, et les
autres périssent dans leur fuite, ou dans les forêts où ils avaient été obligés de se refugier. On
prétend qu'il n'y eut que quarante ou cinquante
Chinois qui purent retourner dans leur patrie y
porter la nouvelle de ce désastre. Ne s'arrêtant
point dans le cours de ses victoires, il entra en
Chine, s'avança jusqu'à quelques lieues de Canton ;
et de là il demanda à l'empereur de la Chine de le
reconnaître pour roi du Tunkin, et obtint cette

reconnaissance sous condition qu'il se rendrait à Pekin pour prêter foi et hommage, et recevrait l'investiture. Si l'on en croit un bruit accrédité dans ce pays, *Long-nhu-ong* se méfia du voyage de la Chine qu'on exigeait de lui, et toujours fécond en fourberies, il envoya à sa place un de ses principaux officiers, qui se présenta comme étant le nouveau roi, et remplit les devoirs prescrits. Quand cet officier fut revenu de sa mission *Long-nhu-ong* le fit périr avec ceux qui l'avaient accompagné, afin qu'il ne restât ni vestige ni témoins de ce stratagême. Devenu souverain d'un grand état, suivant l'usage des princes qui montent sur le trône, il changea de nom et prit celui de *Quan-trung* *. Trop puissant pour reconnaître un supérieur dans son frère aîné, il envoya lui signifier qu'il voulait être indépendant. Celui-ci furieux fit couper la tête des envoyés de son frère, et se livra aux plus grands excès. *Quan-trung* pour se venger, marcha avec une armée contre son frère; mais ce différend se termina par une entrevue, la nouvelle d'une révolte dans la Cochinchine méridionale les ayant obligés à suspendre les effets de leur haine.

Pendant le temps que les *Nhac* partageaient la Cochinchine, et que l'un d'eux avait conquis,

---

* *Quan-trung* signifie lumière du milieu.

le Tunkin, *Nguy-en-Chung* avait sollicité inutile-
ment le roi de Siam, de lui donner une armée pour
rentrer dans ses états avec plus de succès que dans
la première expédition ; et sa situation avait été
d'autant plus embarrassante et pénible, que le roi
de Siam avait conçu une passion pour la sœur de
ce prince malheureux, et voulait l'avoir pour concubine, ne pouvant lui donner un autre rang ;
Nguy-en-Chung se refusait à cette dégradation, et
essuyait tous les désagrémens auxquels sont exposés des rois détrônés et fugitifs. Enfin, craignant d'être arrêté, il se détermina à une nouvelle retraite dans la petite île de *Pullo-vai* ; partit
subitement avec sa famille à la tête de 1500 Cochinchinois qui l'avaient joint à Siam, parvint à
un port, avant qu'on eût pu le joindre, s'y empara de force de quelques navires, fit voile vers
son île, s'y fortifia avec les canons qui étaient sur
ces navires, et tira des approvisionnemens de la
basse Cochinchine.

Delà il entretenait des relations dans ce pays,
et ayant appris que les frères *Tay-son* étaient en
mésintelligence, et même s'étaient attaqués à
main armée, il s'assura d'un mandarin qui com-
mandait dans la ville de Caucao, y fit une descente ; et à la tête de quelques troupes remporta
quelques avantages, dont le plus intéressant fut
la prise d'un convoi, où se trouva une lettre d'une
haute importance, et qui changea le sort de l'état.

Nhac, quoique réconcilié avec son troisième frère, redoutait son ambition, et observait ses démarches : il découvrit qu'il était en correspondance secrète avec un mandarin, général des troupes de la basse Cochinchine, et il manda à son second frère, qui régnait dans ce pays, de se défaire de ce mandarin.   Cette lettre fut trouvée dans le convoi enlevé ; cependant ce mandarin, qui servait les *Tay-son,* marcha contre le roi, défit sa petite armée, saisit son bagage, et y trouva cette lettre, où sa tête était proscrite ; alors il tourna ses armes contre ce frère de *Nhac,* pour qui il avait combattu et vaincu, et le força à abandonner ses états, et s'en empara.

Quant au roi, après sa défaite (1788), il se retira avec le peu de monde qui lui restait dans un défilé, où il était difficile de le forcer, et là il attendit des événemens qui pussent faciliter de nouvelles entreprises.

(11) Ce prince, lors de sa seconde retraite dans l'île *Pullo-vay,* avait confié l'éducation de son fils à l'évêque d'Adran, l'avait chargé de le mener en France pour le soustraire aux événemens ; et en même temps lui avait donné une mission, pour former une alliance avec la France, et en obtenir des secours. La négociation réussit (1788). Si l'on en doit croire les indications données sur un traité conclu entre les rois de France et de Cochinchinois ; une alliance perpétuelle, offensive et défen-

sive, a été contractée entre ces rois. Celui de France s'obligeait à fournir à celui de Cochinchine une escadre de vingt vaisseaux, sept régimens, dont cinq composés d'Européens, et deux de natifs des colonies françaises ; et à lui payer dans quatre mois, cinq millions de piastres, la moitié en espèces, l'autre moitié en munitions de guerre ; les troupes françaises devaient être à la disposition et aux ordres du roi de Cochinchine. D'autre part, celui-ci concédait à celui de France en toute propriété le port et territoire de *Hau-son*, et les îles adjacentes, depuis *Fay-fo*, dans le Sud, jusqu'à *Hai-vueyn* vers le Nord : dans le territoire concédé, liberté de religion, et la perception de tributs au profit de la France, pour l'entretien de ce territoire ; le roi de Cochinchine obligé à fournir des matériaux et des ouvriers, pour les forts et autres onvrages à bâtir sur cette concession ; à laisser couper dans ses forêts tous les bois nécessaires pour la construction de vaisseaux français, et à tenir quatorze vaisseaux de ligne à la disposition du roi de France. Dans le cas où les concessions faites à ce prince seraient attaquées, le roi de Cochinchine devait lui fournir au moins 60,000 hommes, et les solder et faire subsister ; dans le cas où le roi de France porterait la guerre dans quelque partie de l'Inde, il pouvait lever quatorze mille hommes dans les états du roi de Cochinchine, qui pourtant n'était obligé à la presta-

tion des secours qu'il promettait, que quand il serait rétabli dans ses états. Ce traité contenait aussi
des stipulations sur le commerce des deux nations, et sur les droits à percevoir sur l'importation et sur l'exportation ; et il est remarquable que,
quoique dans un état despotique tout se fasse au
nom du souverain, il était stipulé dans ce traité
pour une plus grande sûreté de la concession faite
à la France, que cette concession serait faite par
le roi de Cochinchine, et par le conseil d'état.

Ce traité qui mettait la France en possession
de la superbe baye de Turon, lui conférait de grands
avantages dans le commerce avec les côtes de
la Cochinchine, dans la partie Orientale de la
presqu'île de l'Inde au delà du Gange, situées sur
la mer de Chine. Mais en même temps, ce traité
fournissait au roi de Cochinchine, les seuls moyens
qu'il parut alors avoir, pour remonter sur son
trône. Dès qu'il fut informé de la signature de ce
traité, il en tira parti avec une grande habileté,
publia les secours qu'allait lui envoyer la France,
fit voir tout son pays bientôt couvert de soldats
Français, qui allaient écraser et détruire ses ennemis ; et ainsi les ayant intimidés, et ayant rendu
l'espoir à son parti, il rassembla des troupes, rentra
dans la basse Cochinchine, et la reprit, sur le mandarin qui l'avait enlevée aux Tay-son.

Dans cette expédition il donna l'exemple
d'une clémence inconnue dans ce pays; il avait

fait prisonnier un mandarin de l'armée ennemie; il lui dit: " Vous avez porté les armes contre votre roi, parce que vous ne le connaissiez pas, apprenez à le connaître. Je vous accorde la vie, je vous conserve votre titre de mandarin, et vous donne le revenu nécessaire pour le soutien de votre dignité. Ce malheureux, insensible à un procédé si généreux, trama, quelque temps après, une conjuration contre son bienfaiteur, qu'il força de lui faire subir une peine trop méritée.

Ce ne fut pas la seule preuve de générosité que *Nguy-en-Chung* donna dans le cours de cette guerre; ayant pris une ville par capitulation, lorsqu'il y entra on fit feu sur lui et sur sa troupe, et on tua plusieurs personnes auprès de lui. L'auteur de cette trahison saisi et chargé de fers, eut l'insolente audace de déclarer au roi qu'il était heureux de pouvoir le faire périr, parce que jusqu'à son dernier moment, il combattrait contre lui; ce prince au lieu de punir tant de perfidie et de fureur, lui rendit la liberté sans condition. Mais ce malheureux n'en profita que pour passer à l'armée ennemie, et en combattant son libérateur, il mourut l'année suivante sur un champ de bataille; mort trop honorable pour un ingrat, et pour un traître.

Nguy-en-Chung profitant de ses avantages, et de l'opinion favorable qu'il avait inspirée, conquit une partie du Camboge et du Laos; cependant le prince son fils revint de France, sans les secours qui avaient été annoncés (1790). On prétend que le commandant des troupes Françaises dans l'Inde, indisposé contre cette entreprise par quelques tracasseries, refusa les secours qu'il avait ordre de fournir; peut-être avait-il reçu des contre ordres secrets. La France, dans la situation critique où elle se trouvait, pouvait craindre d'indisposer la Grande Bretagne, en prenant trop ouvertement part aux affaires de la Cochinchine; et bientôt après, la révolution terrible qui survint en France, lui fit perdre l'Inde de vue. Cependant soit par une impulsion politique, soit par des vues d'intérêts particuliers, quelques officiers Français passèrent au service de *Nguy-en-Chung*, et disciplinerent ses troupes; et quelques négocians Français lui vendirent des vaisseaux.

(12) Les peuples étaient si fatigués de la guerre, que par épuisement, on resta quelque temps dans l'inaction des deux côtés: Mais *Nguy-en-Chung* tira parti de ce temps, pour faire fortifier quelques places suivant le procédé européen, et pour faire construire des vaisseaux sur le modèle des vaisseaux Français qu'il avait achetés. Lorsqu'il eût acquis ces moyens, profitant d'un vent favorable, il tomba subitement sur la flotte de *Nhac* qui était protégée par des batteries, qui firent un feu si terrible (1794), que les navires du roi, n'osaient s'y exposer, et forcer le passage. Alors le roi se mit sur un bateau, alla à tous ses

navires, et déclara à tous les commandans qu'il
allait faire couper la tête de quiconque n'avan-
cerait pas, et lui même donna l'exemple, força le
passage, s'empara des vaisseaux ennemis, fit une
descente, prit les forts, et après avoir fait charger
sur ses navires tout ce qu'il pouvait emporter, et
avoir détruit le reste; instruit que l'ennemi mar-
chait sur lui avec une armée formidable, il s'en
retourna ayant retiré de cette expédition tous les
avantages qu'il en attendait.

L'année suivante (1795), il conquit quelques
provinces sur *Nhac*, et même l'assiégea dans sa
capitale; alors le troisième des *Nhac, Quan-trung*
n'existait plus; incapable de rester en repos, il avait
porté ses armes dans le Laos, et l'avait presque entièrement soumis; mais la plus grande partie de
son armée y avait péri de maladie; et peu de temps
après, pour le bonheur de ces contrées, cet heureux,
habile et féroce tyran était mort, (1792) après
avoir, à ce qu'on prétend, fait périr trois millions
d'hommes sur les champs de bataille, ou par les
mains des bourreaux. *Canh-thin* son fils, lui avait
succédé, et ayant appris que *Nhac* son oncle était
attaqué, il saisit cette occasion de marcher à son
secours avec une grande armée. *Nhac* était trop
instruit des principes, et des procédés de sa famille pour se méprendre sur les intentions de son
perfide protecteur; et cédant à la nécessité, il prit
le prétexte de son âge, et de l'activité qu'exigeait

la crise des affaires pour abdiquer en faveur de son neveu, déclarant qu'il était satisfait, puisque ses états restaient dans la possession de sa famille. Mais *Canh-thin* ne se contenta pas de cette cession, s'empara des trésors de son oncle, fit périr ses meilleurs serviteurs ; et peu de temps après l'oncle mourut de chagrin. (1796)

(13) Le roi n'étant pas en état de résister à *Canh-thin* était retourné dans la basse Cochinchine pour y lever de nouvelles troupes, et avait confié à son fils, sous la direction de l'évêque d'Adran, la garde d'une place frontière nouvellement fortifiée suivant le procédé Européen ; et qu'il prévoyait devoir être bientôt attaquée ; elle le fut en effet (1796) ; mais l'ennemi ne connaissant point la méthode d'attaque de ces fortifications, ne put s'emparer de la place, et laissa au roi le temps de la secourir. Le siège fut levé.

Quelques années après, un fils aîné de *Nhac*, qui était (1799) dans la ville de *Qui-nhon* capitale de la Cochinchine centrale, la fit révolter contre *Canh-thin* son cousin ; et déclara qu'elle se soumettrait au roi ; *Canh-thin* ayant des intelligences dans la ville, elle lui fut livrée, et le fils de *Nhac* fut condamné à mort.

Cependant le roi avec une armée s'approcha de cette ville, et parvint à brûler la flotte de *Canh-thin*, qui, pour s'en venger, envoya son armée dans la partie de la Cochinchine soumise au roi. Mais par ce mouvement *Phu-xuan,* capitale de la haute Cochinchine, étant sans défense, et le roi étant venu l'attaquer, *Canh-thin* qui y résidait fut obligé de fuir, et même de se déguiser, jusqu'à ce que parvenu dans le Tunkin, il reprit les marques de sa dignité.

(14) Ce *Canh-thin* n'avait ni le courage, ni les grands moyens par lesquels son père assurait le succès de ses atrocités; incapable de résister aux revers dont il était menacé, il ne s'était jusqu'alors soutenu, que parce qu'il avait été dirigé par le général de l'armée, qu'il venait d'envoyer dans la basse Cochinchine, le plus grand homme de guerre, qui jamais eut paru dans ces contrées, et aussi supérieur à ses compatriotes par l'élévation de son âme, que par ses talens militaires.

La femme de ce général, qui dans son sexe était, ce que son mari était dans le sien, s'empara de l'esprit de *Canh-thin.* Aussitôt qu'il fut de retour dans ses états, elle lui inspira des desseins dignes du trône où il se trouvait placé, l'engagea à lever une grande armée, qu'on prétend avoir été de 300,000 hommes; et l'obligea de se mettre à la tête de cette armée, et de marcher en Cochinchine; et elle-même commanda un corps de troupes. *Nquy-en-Chung* avec une armée fort inférieure, défendait la muraille qui sépare les deux états; et il était sur le point de succomber, lorsqu'il parvint à séduire un petit corps de troupes de *Canh-thin*, qui passa de son côté. Profitant de cette défection, il fit, par une manœuvre habile, paraître sa flotte sur les derrières de l'armée, comme si des troupes y étaient embarquées, destinées à faire une descente, à charger l'arrière-garde, et à favoriser une nouvelle défection. Alors *Canh-thin* perdit la tête, et prit la fuite, son armée abandonnée de son chef se débanda, et ce ne fut plus qu'une déroute générale. L'héroïne seule fit retraite en bon ordre à la tête de sa troupe; joignit *Canh-thin*, et le reconduisit jusques dans sa capitale, mais sans pouvoir rassembler l'armée. Cependant le vainqueur n'osait poursuivre les vaincus, et s'engager dans le Tunkin, tandis qu'au milieu de la Cochinchine le général de *Canh-thin* toujours vainqueur faisait des progrès, avait pris une ville considérable, et se proposait de soumettre tout le pays.

(15) Ce général, ayant appris l'extrémité à laquelle était réduit le Tunkin, sentit la nécessité d'y faire retourner son armée; comme les passages étaient interceptés par les troupes du roi, il se détermina à prendre son chemin par les pays sauvages du Laos; mais cette traversée fut plus funeste qu'une défaite. Presque toute son armée y périt de fatigue, de faim, et par le poison dont on infecta les puits et les ruisseaux. Au sortir de ce pays au milieu des déserts, son

héroïque femme vint le trouver, l'instruisit des malheurs du Tunkin, et se dévoua à partager le sort de son époux. Quoiqu'il n'eût plus avec lui que quelques centaines d'hommes, on n'osait l'attaquer à force ouverte, parce qu'on était certain qu'il ne se rendrait pas, et qu'il vendrait chèrement sa vie; on employa la ruse; des soldats déguisés en paysans vinrent lui apporter des vivres, et s'emparèrent de sa personne, et de celle de sa femme.

(16) Le roi, dès que ses états avaient été délivrés de l'armée ennemie, était entré dans le Tunkin, avait pénétré jusqu'à la capitale, et s'en était emparé. Lorsque les Tunkinois furent informés que le général en qui ils plaçaient toute leur confiance, était prisonnier, la défection fut générale; le peuple arrêta les mandarins, et les conduisit au vainqueur. On arrêta même le *Tay-son* regnant et son frère; et on les livra au vainqueur, qui dèslors n'eut plus d'ennemis à craindre, ni à combattre. Cependant il n'était entré dans le Tunkin, et n'y avait été reçu favorablement, que parce qu'il avait annoncé, qu'il voulait remettre le roi *Lé* refugié en Chine, en possession de ses états usurpés par les *Tay-son.* Le roi *Lé* étant mort pendant le temps de la conquête, *Nguy-en-Chung* prétendit qu'il n'en restait point de descendant, et que, comme étant son parent, il avait droit de lui succéder. Cette extinction de la maison regnante

n'était rien moins que certaine ; mais comme il était vainqueur et tout puissant, il ne trouva point de contradicteur. D'ailleurs, il fit sentir que la réunion du Tunkin et de la Cochinchine sous une même domination, était le seul moyen de mettre un terme à toutes les guerres qui, depuis si longtemps, faisaient le malheur de l'un et de l'autre pays.

Cette vérité était évidente ; aussi *Nguy-en-Chung* a-t-il été unanimement reconnu roi du Tunkin ; et l'empereur de la Chine lui a donné son investiture, heureux terme de tant de calamités, et juste récompense de tant de sages et généreux efforts, pour conquérir la couronne et la paix.

(17) Ce prince âgé, en 1807, de cinquante et un ans, est d'une taille un peu au dessus de la médiocre ; sa constitution est forte ; ses traits sont réguliers et assez agréables ; son teint est plus bien que ne l'est celui de la plupart des Tunkinois et des Cochinchinois, parce qu'ayant presque toujours vécu dans les travaux de la guerre, son teint a été rembruni par le grand air.

Il n'a eu qu'un fils de l'impératrice ; mais soit d'elle, soit des femmes d'un second ordre, il a eu sept enfans. En ne le jugeant que jusqu'au moment où il a été paisible possesseur de la couronne, il ne paraît pas que nul prince ait mieux connu, ni rempli avec plus de dévouement les pénibles devoirs qu'impose le droit de commander aux hommes.

Dans sa vie publique, dans sa vie privée modèle de ses sujets ; il les a gouvernés par son exemple autant que par ses lois, et l'admiration qu'il a inspiré a été un des moyens de sa puissance.

Fidèle observateur de la piété filiale, il a jusque sur le trône rendu à sa mère les hommages du fils le plus respectueux.

Il est l'ami le plus tendre de sa femme ; s'il a plusieurs concubines suivant la faculté qu'en accordent les lois et les usages de son pays, il n'en a eu que neuf ; nombre excessif aux yeux du philosophe qui évalue avec justice les besoins de l'homme, et aux yeux d'un Européen accoutumé à l'unité ; mais nombre très-faible, eu égard au nombre de femmes à l'usage des souverains, et des grands seigneurs de l'Asie ; et jamais il n'a eu de relation avec d'autres femmes qu'avec les siennes.

Quoiqu'il traite sa mère et son épouse avec une grande considération, et une tendre affection, elles n'ont aucune influence sur les affaires ; et lorsque ces princesses qui sont fort zélées pour l'idolâtrie, ont voulu réclamer contre la tolérance accordée à la religion chrétienne, elles n'ont pas été écoutées.

Il est aussi un très-bon père, mais son affection pour ses enfans le porte à les assujétir à tout ce qui peut les rendre de grands hommes.

Dans sa jeunesse, il était sujet à s'enivrer, il s'est corrigé de ce vice, vit avec la plus grande sobriété; ne boit d'aucunes liqueurs spiritueuses, mange peu de viande; du poisson mêlé avec du riz, des légumes, des fruits, et quelques patisseries légères forment tous ses alimens.

On a des détails de sa vie habituelle qui est très-réglée; toutes les heures de sa journée ont un emploi déterminé, et presque toutes sont consacrées à des devoirs; il se lève à six heures du matin, et d'abord prend un bain froid; à sept heures il se fait remettre toutes les lettres et mémoires reçus depuis la veille, les lit, et les apostille; ensuite il visite l'arsenal, la fonderie, et les autres constructions, et en inspecte les travaux; à onze heure et demi, il se fait apporter son déjeuner, qui ne consiste qu'en du riz bouilli et du poisson sec; à deux heures, il retourne à son palais, se fait rendre un compte succint de sa dépense domestique, se couche et dort jusqu'à cinq heures; à cette heure, il se lève et donne audience aux mandarins * et à tous ses sujets; répond sur-le-champ aux demandes qui

---

* Actuellement l'audience est à six heures du matin.

n'exigent pas d'instruction, et donne des ordres sur tous les genres d'affaires ; on lui remet les expéditions faites en conséquence de ses apostilles du matin ; et il les approuve ou les change. A onze heures, il rentre dans son intérieur, inscrit dans son journal ce qu'il a fait, ou observé dans la journée, et ce qu'il se propose de faire ; ensuite il fait entrer ses fils qui attendent ses ordres à sa porte ; il leur fait rendre compte de l'emploi de leur temps, et leur donne ses ordres pour le lendemain; vers trois heures du matin, après avoir pris un léger repas, il se couche ; ainsi, sur les 24 heures, il n'en donne pas plus de six au sommeil.

Il a banni de sa cour ces hommes dénaturés par la jalousie des époux ; les princesses sont servies par des personnes de leur sexe ; le seul eunuque resté à la cour est le grand général dont nous avons fait mention, et qui est également cher à la nation et au souverain.

Dans son palais, il vit avec une grande dignité ; à l'exemple des empereurs de Chine dont il prétend descendre, il mange toujours seul, et n'admet à sa table aucune femme, pas même l'impératrice ; il tient tous ses sujets dans un grand respect, et fait observer exactement l'étiquette. A la tête de son armée, ce n'est plus le même homme, il prend le ton militaire, professe l'amour de la vie guerrière, proteste qu'il préfère le titre de général à celui de souverain. Familier avec les soldats, il se fait instruire de toutes leurs belles actions, leur en parle, les loue, les récompense.

(18) Tel s'est montré *Nguy-en-Chung* pendant tout le temps qu'il a lutté contre la fortune ; mais nous avons déjà eu occasion d'observer, que, depuis qu'il est souverain tranquille de ses vastes états, il s'est fait une altération notable dans son caractère.

Peu de temps après qu'il avait été en possession du Tunkin, il avait fait une grande perte par la mort de l'évêque d'Adran, qui, après l'avoir dirigé dans les moyens qui l'ont conduit à sa restauration, lui a donné de sages conseils pour le gouvernement de ses états. Ce prêtre politique, guerrier, administrateur, qui lui avait découvert le parti qu'il pouvait tirer des connaissances, des arts, des talens militaires des Européens, avait intéressé la France à sa cause, et malgré les troubles survenus en France lui en avait fait obtenir quelques secours indirects, et avait relevé son parti par le bruit qu'il avait répandu de l'envoi de troupes et d'escadres Françaises ; ce même évêque s'étant enfermé avec le fils du roi dans une ville fortifiée, suivant la méthode Européenne, l'avait défendue contre une armée formidable, qui avait été obligée d'en lever le siége ; et ce qui n'était pas le moindre des services, il avait profité de l'ascendant qu'il avait acquis sur l'esprit du roi, pour le maintenir dans la pratique de la vertu, et dans l'observation de ses devoirs. Soit par la privation des conseils d'un sage, qui souvent décident de la destinée d'un empire; soit par la dangereuse influence de la prospérité, qui corrompt des caractères, qui ont résisté à l'adversité, si l'on en croit la rumeur publique, une révolution s'est opérée dans le caractère de Nguy-en-Chung, il semble n'avoir plus le même amour de la gloire, ni la même surveillance sur toutes les parties du gouvernement; il cherche à jouir de la vie, et des avantages que donne le trône; il a pris un grand goût pour les spectacles et les concerts, et y sacrifie beaucoup trop de temps; il donne pourtant tous les jours une audience, à laquelle sont obligés de se trouver tous les mandarins pour recevoir ses ordres; mais il est beaucoup moins communicatif, beaucoup moins accessible à ses sujets; et ceux d'entr'eux qui ont à réclamer sa justice, ont la plus grande peine à lui faire parvenir leurs requêtes, par les formalités auxquelles a été assujetie la présentation de ces requêtes. Il n'a plus avec les gens de guerre la même familiarité, et assiste plus rarement à leurs exercices, on lui reproche d'oublier ceux qui l'ont servi dans ses malheurs, et de ne pas tenir aux officiers Européens qu'il s'est attachés, les promesses qu'il leur avait faites.

La nation a bien d'autres sujets de plaintes, l'accroissement de presque toutes ses charges, les impôts portés à un taux plus haut, l'obligation de fournir un plus grand nombre de gens de guerre, qu'il n'en était tenu sous les armes, temps de paix; des corvées plus onéreuses, le moindre retard dans l'exécution des ordres du gouvernement puni avec une extrême sévérité.

A cette dureté dans le gouvernement se sont joints quelques actes contraires à la moralité et à la prudence; ce prince affiche assez publiquement l'irréligion; fait des plaisanteries sur le culte superstitieux des idoles; ne respecte guères plus la doctrine de Confutzée; et quoiqu'il tolère et même protége la religion chrétienne, il se moque de ceux, qui en la pratiquant, se privent de la pluralité des femmes. Au lieu de résider dans le Tunkin, qui est sans comparaison le principal objet de ses possessions, il le gouverne par un vice-roi, n'y fait que des voyages, et demeure habituellement à Phu-xuam dont la situation est plus agréable, et dont le palais est en meilleur état, que celui de Bac-kinh. A peine ce prince a-t-il été sur le trône du Tunkin qu'il s'est attribué publiquement le titre de *Hoang-dé* qui signifie empereur, titre que ses prédécesseurs ne prenaient qu'avec discrétion et ménagement, d'autant qu'il annonce l'indépendance de la Chine; et ce qui peut encore lus allumer la guerre entre les deux états, est que uand suivant l'usage des princes qui parviennent u trône, il a changé son nom, il a pris celui de *ia-Long* qui ressemble à celui de l'empereur de Chine ; ce qui, dans les mœurs de ces contrées, st réputé une insulte.

Mais ce qui flétrit le plus une réputation, si rillante sous d'autres rapports, est que ce prince ui avait donné tant de preuves de clémence, et vait pardonné la trahison et des entreprises sur sa ersonne, a depuis porté la sévérité à un degré qui, ut-il autorisé par la justice, et conseillé par la po-tique, répugne au héroïsme, et est proscrit par le entiment de l'humanité.

Lorsqu'après la conquête du Tunkin, il a eu n son pouvoir les deux frères *Tay-son* usurpateurs le ses états ; avant de leur faire subir le dernier sup-lice, il a fait déterrer les corps de leurs parens, et eur a fait subir tous les outrages qui peuvent être aits à des cadavres*. Ensuite les deux frères nt été écartelés par des éléphans, et les quartiers le leur corps ont été exposés dans divers lieux, usqu'à ce quils soient tombés en pouriture.

---

* Les cadavres ont été décollés, afin que, suivant la supers-tion du pays, ils ne pussent porter assistance et bonheur à leur ostérité ; et ensuite les soldats ont été faire leurs ordures sur les estes de ces cadavres.

Le courage, la vertu, l'enfance, n'ont pu obtenir indulgence, le fameux général de l'armée Tunkinoise étant tombé en son pouvoir, il voulût l'engager à son service ; mais ce généreux guerrier répondit avec une noble fierté, qu'il ne combattrait jamais contre la cause qu'il avait défendue ; mais que si l'empereur voulait lui laisser la vie, comme lui-même l'avait laissée aux Cochinchinois qu'il avait vaincus, et aux habitans des villes qu'il avait prises, il mènerait désormais une vie obscure dans une petite habitation ; et cultiverait de ses mains quelques morceaux de terre, qui suffiraient à sa subsistance et à celle de sa famille. Sa grâce lui ayant été refusée, il déclara avec fermeté, que puisque son existence paraissait si dangereuse, il allait se rendre avec joie dans le séjour destiné aux hommes vertueux. Sa généreuse femme et sa fille qui n'avait que quatorze ou quinze ans, furent comprises dans sa condamnation*, sa femme mourut comme elle avait vécu ; lorsqu'elle fut présentée à l'éléphant qui devait la mettre à mort, loin de se troubler, elle chercha à exciter sa fureur, et montra tant de courage, que les soldats qui assistèrent à son supplice, par une expression féroce de leur admiration, mangèrent

* Ne pouvant obtenir grâce pour lui, il la demanda pour sa mère qui ayant quatre-vingt ans, ne pouvait vivre long-temps, et cette considération fit que sa grâce fut accordée.

ses membres sanglans, dans l'idée que cette nourriture leur incorporerait l'intrépidité de cette héroïne.

On assure que la nation soit par horreur de ces atrocités, soit par le sentiment douloureux du traitement qu'elle éprouve, ne voit plus son prince avec le même enthousiasme, que les gens de guerre ne lui sont plus aussi attachés, et que quelques-uns commencent à se dégoûter des manœuvres européennes; qu'il existe un mécontentement secret, qu'un reste d'attachement et de respect, et que surtout la crainte empêchent d'éclater, mais qui déjà a été indiqué par une contradiction, et une résistance peu ordinaires dans un état despotique.

(19) Quand le fils unique, que l'empereur avait eu de l'impératrice, et qu'il avait envoyé en France, en fut revenu, l'empereur l'avait, par une patente authentique, institué héritier de tous ses états. Ce jeune prince est mort sans avoir été marié solennellement, et a laissé deux enfans en bas âge, qu'il a eu d'une femme de second ordre.

Cette perte n'en a pas été une grande pour l'empire; car ce prince ne donnait pas de grandes espérances. L'évêque d'Adran, chargé de son éducation, en avait fait un homme modéré et vertueux; mais il l'avait préservé des vices sans lui donner les grandes qualités nécessaires à quiconque est destiné à porter une couronne. Quoique l'évêque n'eût pas osé lui conférer le baptême, parce que l'empereur son père l'avait expressément défendu, il lui avait inspiré un grand enthousiasme pour le christianisme, un grand mépris et une grande aversion pour les idoles, dispositions bien dangereuses dans le souverain d'un peuple superstitieux, dévoué de tout temps au culte des idoles*.

L'empereur avait un autre fils qui n'était point issu du mariage avec l'impératrice; celui-ci étranger aux leçons de l'évêque d'Adran, avait vécu dans les camps, et ne connaissait que les armes. Après avoir passé dans tous les grades du service militaire, et être resté long-temps simple garde, il avait été fait colonel; puis était devenu général; et en 1800, il avait obtenu le commandement d'une armée de 35,000 hommes, à la tête de laquelle il avait gagné une bataille contre des rebelles. Ce prince, cher à toute l'armée est mort

---

* Ce prince ayant été invité à assister à un sacrifice en l'honneur de ses ancêtres, cérémonie réputée un des devoirs les plus essentiels des Tunkinois, il s'y refusa; en vain l'empereur le pria avec instance d'avoir cette déférence pour les usages de son pays; en vain il engagea l'évêque à observer à son disciple, que suivant les principes du christianisme, on peut assister à cette cérémonie, si l'on n'y porte qu'une vénération respectueuse, pour les ancêtres, sans y joindre une croyance religieuse. L'impératrice qui est fort dévote, indignée de l'impiété de son fils, lui donna un soufflet; mais ni les ordres et les prières de son père, ni les distinctions de l'évêque, ni le soufflet, ne vainquirent sa résistance.

peu de temps après l'héritier du trône, il n'avait pas été marié, et n'a point laissé de postérité.

Depuis sa mort, la succession au trône est incertaine : l'empereur usant du droit que lui confère la loi nationale, de déclarer quel est celui de ses fils, auquel il destine sa couronne, a voulu y appeler un fils qu'il a eu d'une de ses concubines ; mais l'impératrice s'y est opposée, et a prétendu que la couronne appartenait aux enfans de son fils ; et elle a été soutenue dans cette prétention par la plupart des généraux, et des grands mandarins. L'empereur fonde son choix, sur ce que son fils n'ayant laissé que des enfans issus d'un mariage secondaire ; c'est à lui à choisir entre ses propres enfans et ceux de son fils, qui sont également d'un rang inférieur ; et ceux-ci étant en bas âge, c'est un motif pour donner la préférence à un adulte ; mais l'impératrice observe que son fils ayant été investi de l'hérédité de la couronne, a transmis ses droits à ses enfans, et qu'ils doivent avoir la préférence sur leur oncle. En 1807, cette grande question était encore indécise.

(20) Quels que soient les torts et les fautes de *Gia-long*, quels que soient la crise des affaires et la situation de l'esprit public ; qu'on accorde plus ou moins de confiance à des plaintes, qui émanées des mécontens, sont suspectes d'exagération ; en contemplant l'ensemble de la vie de ce prince, et le résultat de son règne, il doit être placé au rang de

ces êtres sublimes, qui illustrent l'espèce humaine, ont droit à l'admiration des nations, et à la reconnaissance de leur patrie. Aussi supérieur à ses sujets par son génie que par son rang, il a rempli le devoir essentiel d'un souverain, celui d'être le guide, et le modèle des hommes qu'il gouverne; il a élevé leur caractère, et étendu leurs vues; hardi dans ses conceptions, méthodique dans ses combinaisons; il connaît les élémens de tous les arts que le gouvernement doit mettre en œuvre. Il est le meilleur tacticien, le meilleur ingénieur, le meilleur constructeur de navires, qui existe dans ses états *. La vie agitée qu'il a toujours menée ayant resserré la sphère de ses notions scientifiques, il sait du moins combien elles sont utiles, même dans l'art du gouvernement, par la rectitude qu'elles donnent au jugement : n'étant pas en état de lire les livres Chinois, il se les fait lire; et voulant appeler ses sujets à acquérir des connaissances qu'il n'a pas, il a établi des écoles publiques, où les pères sont obligés d'envoyer leurs enfans dès l'âge de quatre ans.

La plupart des dispositions sévères et oné-

---

* Pour acquérir la connaissance de l'architecture navale, il n'a pas comme le Czar Pierre premier pris la hache, et ne s'est pas fait charpentier; mais il a acheté un vaisseau de construction Européenne, et l'a fait dépecer et rassembler, pour connaître l'objet, la consistance, la force, la liaison de toutes ses parties.

reuses reprochées à son gouvernement, sont justi-
fiées par la nécessité, ou par les avantages qui
devaient en résulter ; si tout retard dans l'exécution des ordres est sévérement puni, c'est un régime nécessaire pour le maintien d'une nouvelle
puissance ; si le nombre d'hommes tenu sous les
armes est plus grand qu'il n'était précédemment,
il est possible que cet accroissement ne soit pas
considérable eu égard à l'augmentation du nombre des sujets, et peut-être est-il exigé par les
dispositions de l'empire de la Chine. L'augmentation des impôts, suite inévitable de celle de la
force armée, ne doit point, d'après l'amélioration de
la culture et l'extension de l'industrie, empirer le
sort des peuples ; les corvées devenues plus onéreuses, forment un malheur temporaire, racheté par la
création d'établissemens, qui doivent conférer à
l'état sûreté et richesse.

D'autre part, combien de grands avantages
sont dus à ce prince ; les personnes et les propriétés plus en sûreté que par le passé, la cour purgée
de la présence odieuse des eunuques, et des intri-
gues qu'ils fomentaient ; les produits des impôts
n'étant plus la proie des courtisans, mais étant
employés au bien de l'état ; la constitution et
l'organisation de l'armée perfectionnée ; la marine ayant acquis une grande vigueur, quand il a
été expédient d'en faire usage ; plusieurs genres
de culture encouragés, singulièrement celle des

arequiers, des poivriers, des cannes à sucre; plusieurs manufactures établies, ou perfectionnées; un gouvernement plus éclairé, plus sage, plus juste qu'il ne l'avait été depuis long-temps, quoiqu'il s'en faille beaucoup qu'il soit ce qu'il devrait être; des peuples depuis plusieurs siècles armés les uns contre les autres, et pendant les vingt-huit dernières années en proie à toutes les horreurs des guerres civiles, préservés désormais de ce fléau par la reconnaissance d'un même souverain; voilà des preuves irréfragables que la restauration de *Gia-long* sur son trône, son installation sur celui du Tunkin, et l'extension de sa domination, sont des événemens heureux pour les pays qui lui sont soumis.

~~~~~~~~~~~~~~~~~~~~~~~~~~~~~~~~~~

CHAPITRE II.

Résumé.

———

QUE, d'après le grand spectacle qu'offre la contemplation des nations, et des qualités qui les différencient, on les soumette à une juste appréciation, et on reconnaîtra qu'il en est peu si incultes, si désordonnés ; que sous quelques rapports elles ne méritent éloge, et ne puissent servir de modèle aux nations qui sont réputées leur être le plus supérieures : c'est une réflexion qu'a pu faire naître l'esquisse que nous venons de tracer du Tunkin et des pays adjacens, et des événemens dont ils ont été le théâtre.

Que, si nous voulons déterminer quel rang doit être assigné aux Tunkinois dans l'ordre des nations ; un résumé des biens dont les a doués la nature, des maux qu'elle les a condamnés à subir, de leur morale, de leur intelligence, donnera les élémens de cette classification. Et pour mettre encore plus de précision dans nos vues, un résumé des causes qui ont influé sur les qualités et le sort de ce peuple, fera connaître ce qu'il doit à la nature, ce qu'il se doit à lui-même; et conduira de la notion de ce qu'il est, à connaître pourquoi il est tel.

RÉSUMÉ DES FAITS.

(1) Le Tunkin est investi par la nature de nombre d'avantages, qui en forment une des plus heureuses habitations qu'offre le globe terrestre. Tandis que près des pôles la plus grande partie de l'année n'est qu'une nuit prolongée, avec quelques intervalles de lumière; et le restant de l'année est un jour continu avec quelques interstices d'obscurité, sans qu'il soit possible de profiter de cette longue période de clarté par la nécessité d'en donner une partie au repos; dans le Tunkin l'égalité des jours et des nuits prive le moins possible de l'emploi du temps. Tandis que dans les zones où la chaleur, où le froid sont à un haut degré d'intensité, l'homme est forcé de s'enfermer pour s'en garantir, et est exposé aux maux et aux accidens qu'entraînent ces excès; dans le Tunkin on peut sans cesse s'exposer à la bénigne influence de

la température. Tandis que dans diverses contrées des glaces, ou des sables brûlans stérilisent le sol, et semblent être le territoire de la mort ; le Tunkin offre l'aspect le plus riant de la nature vivante, animée, fleurie. Combien de jouissances s'y trouvent réunies ! ¡Un climat doux, un atmosphère embeaumé, des campagnes embellies par une verdure riante, et parées par le coloris des fleurs ; des forêts majestueuses garnies des arbres les plus grands, les plus agréables, les plus utiles ; l'effervescence continue de la végétation ; le luxe des productions territoriales ; l'abondance de substances alimentaires diversifiées, et chacune délicieuse dans son genre ; des fruits exquis, qui ne coûtent que la peine de les cueillir ; les entrailles de la terre n'étant pas moins riches que sa surface ; une multitude d'animaux nutritifs et serviables. Cependant dans ces pays, comme dans tous, la nature fait payer ses bienfaits.

(2) Si l'hiver est banni de ces heureuses contrées ; si presque toute l'année y est ce qu'ailleurs est la courte saison du printemps, de temps en temps on y éprouve de terribles ouragans, moins funestes pourtant que ces affreuses commotions de la terre, ces vomissemens de feux dévastateurs, ces ouvertures d'immenses abîmes où sont engloutis et l'espèce humaine et le sol qu'elle habite, sans qu'il reste de traces de ce qui existait.

Si dans une partie du Tunkin et des pays adjacens les plantes adoriférantes, par leurs douces et bienfaisantes émanations, rendent l'air salubre et agréable, dans d'autres parties de ces mêmes pays sortent d'une terre fétide, des vapeurs méphitiques. L'eau si nécessaire à l'homme, et dont la qualité a tant d'influence sur sa santé, n'est une boisson pure et saine dans aucun de ces pays, et dans plusieurs est mortifique et même mortelle. L'abondance et la résidence des eaux fécondent la terre, facilitent et rendent économiques les voyages et les transports de marchandises; mais il est des cantons où les eaux dérobent la terre à l'habitation de l'homme, et ne permettent la communication entre les lieux situés aux moindres distances, qu'en marchant dans la boue et dans la fange. Sur les côtes est une des plus belles rades connues sur le globe, et un fleuve que les plus grands vaisseaux peuvent remonter à une très-grande distance ; mais une partie de l'intérieur des terres privée de cours d'eau ne peut exporter ses richesses territoriales.

(3) Dans une multitude de végétaux dont la plupart sont bienfaisans et précieux, il s'en trouve quelques-uns funestes, et qui portent les germes de la mort. Une partie des vallées délicieuses, qui forment des séjours enchantés, est enclose dans des montagnes arides, qui offrent un triste contraste avec ce charmant aspect. Quelques-unes de ces montagnes interceptent la communication

de l'uné à l'autre de ces vallées, et quelques-unes
sont coupées presqu'à pic, en sorte qu'il est de la
plus grande difficulté d'y gravir.

(4) On peut prétendre que la côte occidentale
de la presqu'île de l'Inde au-delà du Gange, est
plus riche que la côte orientale, où est situé le
Tunkin; parce que dans celle-ci ne se trouvent
point comme dans l'autre, ces pierres que le luxe
et la frivolité ont nommées précieuses; cependant
le Tunkin en est bien dédommagé, en ce qu'il
contient dans la plus grande abondance et dans
la plus grande pureté, presque tous les métaux,
l'or le plus estimé de tous, le fer qui est le plus
estimable par la réalité et l'étendue de son utilité.
Le Tunkin dans la possession des mines, n'aurait
rien à regretter s'il en avait de charbon de terre,
peut-être le plus important des trésors que récè-
lent les entrailles de la terre, puisqu'il met à la
disposition de l'homme un élément, dont l'action
a la plus grande force, et une puissance supérieure à celle de tout autre agent.

(5) Au premier rang des productions de la
végétation, sont les nutritives, parce qu'elles pourvoient au plus impérieux des besoins. Le Tunkin
en a une grande abondance, et d'excellente qualité;
le riz dont la digestion est facile, et dont la culture au delà des tropiques n'a point les inconvéniens et les dangers qu'elle entraîne dans les zones
tempérées, et le riz du Tunkin est réputé le meil-

leur de l'Asie, cependant quelque excellent qu'il soit, il ne donne pas au consommateur autant de force que d'autres genres d'alimens, imperfection qui tient à l'essence de ce grain.

Le maïs est cultivé avec succès, le produit en est abondant; et la crue si prompte, que dans quelques cantons il donne deux récoltes dans une année; mais quelques naturalistes prétendent que la digestion de ce grain est pésant sur l'estomach.

Ce pays possède aussi la pomme de terre, et la patate, qui par les rapports de leur essence, peuvent être considérées comme ne faisant qu'une plante; elles forment une nourriture saine mais aqueuse, et peu sustentante; défectuosité prouvée par leur décomposition et par l'expérience; car dans les disettes le passage subit de la consommation d'autres substances végétales à celle-ci, occasionne une déchéance de force; et si l'on voit des hommes voués à ce régime être d'une grande vigueur, il faut observer qu'ils y mêlent presque toujours d'autres alimens, le lait et le beurre, qui ne sont point d'usage dans ce pays*.

---

* Il est des Irlandais qui n'ont presque point d'autre aliment que la pomme de terre, ils sont grands et bienfaits, mais ne sont pas aussi robustes que le paysan Anglais. Quand ces Irlandais passant en Angleterre, et qu'ils se sont accoutumés à un autre régime, ils deviennent plus capables de supporter un travail long et dur.

Cependant ces trois genres de plantes, riz, maïs, pomme de terre, quoique chacun ait quelque imperfection, forment un excellent régime frugivore ; et ont l'avantage que, par la diversité de leur nature, les intempéries qui attaquent l'un d'eux ne s'étendent point aux autres, et laissent des ressources pour la subsistance. Mais aucune de ces plantes ne peut remplacer le froment, le premier des grains alimentaires ; à la vérité, ce grain ne donne au plus que douze ou quinze pour un, tandis que le riz donne quarante, et le maïs vingt-cinq ; et restant long-temps en terre, il ne peut, comme le riz ou le maïs, donner deux récoltes en une année. Dans un espace de terrein égal, il ne fournit pas autant de substances alimentaires que le maïs, le riz ou la pomme de terre * ; mais contenant plusieurs parties qui tiennent de l'essence de la substance animale, il fournit une nutrition succulente et corroborative ; et de plus, sa farine étant plus qu'aucune autre susceptible d'une forte cuisson, se conserve plus long-temps, et peut seule assurer la subsistance pour les voyages de long cours.

(6) Dans les grandes productions de la végé-

---

* De savans agronomes prétendent qu'un champ sémé en pommes de terre, donne presque quatre fois autant d'alimens que s'il était sémé en froment, et que sémé en riz il en donne encore plus.

tation, le Tunkin a de grands avantages par les productions qui lui appartiennent plus particulièrement ; les arbres qui doivent être les plus estimés sont comme les plantes, ceux qui contribuent à la nourriture de l'homme, et qui en outre pourvoient à plusieurs de ses besoins. Ces facultés sont dans un degré supérieur dans le *chêne*; le *chateignier*, l'arbre à *pain*, le *palmier*, le *bambou*. Le chêne qui a donné aux premiers hommes leur nourriture, ne fournit qu'un moyen de subsistance, que dans tous les pays cultivés, on abandonne aux plus vils des animaux domestiques ; mais son bois est d'une grande solidité, d'une grande durée, propre à former la plupart des instrumens des arts, propre à la bâtisse des grands édifices, et à la construction des bâtimens de mer pour un long cours ; et dans cette dernière destination il ne peut être suppléé, si ce n'est par le cedre, qui est encore plus durable, mais qui par son poids ralentit la marche maritime.

Le chateignier partage la plupart des avantages du chêne, et donne un fruit bien plus alimentaire, et plus agréable au goût; mais on prétend, non sans quelque fondement, que ce fruit est d'une digestion pénible, qu'il rend l'homme pesant et lourd, et que l'esprit ainsi que le corps se ressentent de cette défectuosité; d'ailleurs, cet arbre ainsi que le chêne, ne vient en maturité, qu'après un grand nombre d'années.

L'arbre à pain, découvert dans la mer du Sud, et depuis transplanté dans les îles de l'Archipel Américain, a perdu de sa grande renommée. Il avait été annoncé, comme pouvant fournir une bonne nourriture à l'homme, sans aucune coopération de sa part; s'il produisait réellement cet effet, et s'il pouvait être propagé sur toute la surface de la terre, peut-être ne serait-ce pas un avantage réel pour l'espèce humaine, qu'elle fût affranchie de tout travail et de toute industrie*; mais dans la vérité, il a été reconnu, que si la farine que donne cet arbre, est nutritive, elle n'est pas d'un bon goût, et qu'elle tient de celui du plantin; les nègres lui préfèrent la patate.

Le Tunkin est bien avantageusement dédommagé de la privation de cet arbre, par la possession du palmier et du bambou. Nous avons vu que le cocotier, une des espèces de palmier, fournit la couverture des maisons, des ustensiles de ménage, une boisson agréable, un bon aliment quoique insuffisant pour former une nourriture unique. Le

---

* Dans l'île Otahiti, où a été découvert l'arbre à pain, les habitans dispensés par le climat, et par la possession de cet arbre de tout travail, vivaient dans un bonheur apathique, et dans l'oisiveté, avant que la communication avec les Européens leur eût fait connaître d'autres genres de jouissances. Sans cette communication, leur industrie n'eût point été stimulée, et leur intelligence serait encore restée stationnaire pendant nombre de siècles.

datier, autre espèce de palmier, donne un fruit plus agréable et plus substantiel, et qu'on assure être le seul aliment de quelques hordes de nègres sur la côte orientale de l'Afrique, et de quelques Bedouins, habitans du grand désert de l'Arabie; et de plus, le datier a une croissance si rapide, qu'il donne des fruits après trois ans de plantation, et qu'à sept ans il est en plein rapport. Soit qu'on pense que de tous les arbres le bambou est celui qui doit être réputé le plus grand bienfait de la nature; soit qu'on adopte une autre opinion, on doit reconnaître qu'il n'existe aucun autre arbre, dont la possession puisse être plus précieuse pour le Tunkin, attendu la promptitude de sa crue, les substances alimentaires qu'il contient, et son aptitude à une multitude d'emplois.

(7) Dans le règne animal, le Tunkin a bien moins à se louer de la nature. Les animaux qui doivent être reconnus comme les plus utiles à l'homme sont le bœuf, l'éléphant, le chameau, le lama, le renne.

Le bœuf, et sous cette désignation doit être compris le bufle, par l'analogie de sa constitution, et de l'usage qui en est fait; le bœuf est un des meilleurs serviteurs de l'homme, et un de ses meilleurs alimens. Plus fort et moins maladif que le cheval, il lui est supérieur pour le trait, et dans quelques pays, il est comme lui, animal de monture. Presque toutes les parties de son corps servent aux arts, et sa chair forme un aliment d'autant plus estimable qu'elle est très-saine, et corroborative, et qu'un usage continuel peut en être fait sans dégoût. Mais cet animal a l'inconvénient d'être d'une grande consommation, et d'enlever à l'homme une grand partie des produits du sol. Au reste, c'est un animal, dont la possession, loin d'être particulière au Tunkin, est commune à presque toutes les contrées de la terre.

L'éléphant qui n'habite et ne se propage que dans quelques pays, et qui dans aucun n'est à un plus haut point de perfection que dans celui-ci, n'a que quelques parties de sa chair au dessus de la plante des pieds, qui fournissent aliment à l'homme; il n'y a de son corps que les dents, dont les arts tirent parti; et il est d'une très-grande consommation. La méchanceté humaine, a profité de sa force pour l'employer au fait de la guerre; mais aujourd'hui que de plus puissans moyens de destruction sont en usage, on n'en exige plus ce genre de service. Peut-être pourrait-il par la supériorité de sa force, par son intelligence, par son adresse, suppléer l'homme dans divers ouvrages, et être employé avec succès dans quelques opérations des arts.

Le chameau est d'une utilité bien plus générale et plus importante; il porte le double du cheval, il l'égale pour la vitesse, si la course n'est pas longue; il le passe dans un long voyage; il est de

K

la plus grande docilité; son poil forme des étoffes très-fortes, qui résistent à la pluie*; sa peau de bons vêtemens, et de bonnes couvertures de meubles; sa chair, quand il est jeune, est un manger bon et sain; sa femelle donne de très-bon lait; ses excrémens même ne sont point inutiles, ils servent au chauffage, et suppléent le bois. Sa nourriture est très-peu coûteuse, et les frais de son entretien sont nuls. Cet animal pourrait être introduit dans ce pays, d'autant que les climats chauds lui conviennent, mais il n'y pourrait vivre que renfermé, parce qu'il ne peut marcher avec sûreté dans des terreins humides.

Le lama moins grand, moins fort que le chameau, est comme lui employé au transport des fardeaux; il ne peut porter que cent livres, mais comme l'espèce est nombreuse, le nombre supplée la force; il est obéissant et supporte la fatigue, sans qu'il soit nécessaire de provoquer ses efforts par des coups; mais lorsqu'il sent un certain degré de lassitude, il s'arrête, sans qu'il soit possible de le forcer par aucun mauvais traitement à aller plus loin. Sa laine est très-fine, et si abondante,

---

* Ces étoffes servent au vêtement des Arabes Bédouins, et à la couverture de leurs tentes; on a prétendu que du poil de chameau on faisait de très-beaux châles; mais c'est une erreur; ces châles sont faits de poil de chèvre.

qu'elle lui sert de bas. Sa peau est propre à nombre d'usages; sa chair forme un bon aliment; il se nourrit en broutant l'herbe sur son chemin, et la rumine; cette herbe procure une salive qui le rafraîchit; et lui sert de boisson; il a la forme du mouton, et la plupart des qualités qui le caractérisent; mais plus d'intelligence. Sa marche est lente, grave, régulière, ferme et assurée dans les endroits les plus dangereux, près des précipices, et dans des lieux élevés et escarpés, où lui seul peut gravir; et ce n'est que dans ces lieux élevés, et dans un air vif et froid qu'il se plaît, et qu'il trouve l'existence qui lui convient.

Le renne réunit les avantages du bœuf, du chameau, du lama; sa chair donne une très-bonne nourriture; il n'est point de peau qui fournisse de meilleur vêtement; de son poil on fait une excellente fourrure; son lait est une boisson saine, douce, agréable; il n'est aucune partie de son corps, qui ne soit de quelque utilité; indocile et quelquefois dangereux à son maître, il souffre pourtant qu'on l'attèle à un traîneau, se laisse conduire, et a une course d'une rapidité prodigieuse; il n'a point besoin d'asile; il est capable de supporter le plus grand froid; aucun soin à prendre pour sa nourriture, il gratte avec son pied la terre qui est couverte de neige, et en la découvrant, il trouve une mousse qui suffit à sa subsistance. Cette manière de vivre, et sa constitution l'éloignent du Tunkin, et le fixent dans le nord.

D'après la grande utilité qu'on retire de ces trois espèces d'animaux le chameau, le lama, le renne, et le faible prix au quel on achète leurs services, c'est un grand désavantage pour le Tunkin d'en être privé; il semble que la nature en les donnant à des pays stériles, ait voulu les dédommager du mauvais traitement, qu'elle leur fait éprouver dans la végétation; et le pole où la terre est frappée de la plus grande stérilité, possède dans le renne l'animal dont la possession est le plus précieuse.

Tandis que les animaux les plus utiles et les plus serviables sont étrangers au Tunkin, il est infesté des animaux les plus féroces, et les plus carnassiers; des tigres, contre lesquels on n'a pas toujours une retraite assurée, même dans l'enceinte des maisons; les animaux même, qui, façonnés à la domesticité, sont d'excellens serviteurs de l'homme, les chiens, les bœufs, les bufles, lorsqu'ils sont sauvages et errans dans les déserts et dans les bois, sont des ennemis de l'homme, contre lesquels il est obligé d'être en défense et armé, toutes les fois qu'il traverse les lieux qu'ils habitent.

(8) Si de l'observation de ce que la nature a fait pour le Tunkinois, on passe à l'observation de ce qu'il a fait pour lui-même; on voit l'ex-

ploitation de la terre, imparfaite dans la culture des grains, très-savante dans la culture des
plantes, restreinte à la superficie du sol, nulle
dans la fouille de l'intérieur; l'art de la pêche
porté à un haut degré de perfection; celui de la
navigation défectueux dans ses principales parties; l'industrie manufacturière se signalant par
l'imitation, manquant d'invention, remarquable
par la dextérité des opérations manuelles, ayant
peu de combinaisons dans ses procédés; la mé
tallurgie n'étant pas mieux entendue que l'extraction du minéral; un defaut de goût dans
les beaux arts, qui heureusement ne peut faire
perdre que des jouissances de pur agrément; le
commerce extérieur circonscrit dans une sphère
étroite, livré aux étrangers, et restreint à deux
nations, mais la richesse intérieure pouvant dis-
penser des relations avec l'étranger.

(9) Cette nation, jugée par rapport à ses
mœurs, inspire estime et intérêt. On voit en elle
nombre de vertus sociales, bonté, douceur, obli-
geance, bonne foi dans les conventions, répugnance
pour l'effusion du sang humain, compassion pour
le malheur, générosité dans les secours qu'elle lui
accorde. Quoique dans l'effervescence et la fureur des dissensions politiques, elle se soit souillée de nombre d'atrocités, hors de ces convulsions la probité et l'humanité ont toujours paru
indémiques dans ces pays, surtout dans quelques

cantons, où les communes ont une police plus vigilante; cette moralité est encore confirmée par la religion nationale, qui, toute absurde qu'elle est, réprime les vices, et cimente la vertu, plus active, plus énergique, que la religion des lettrés qui, moins superstitieuse et plus raisonnable, a moins d'empire sur les actions de l'homme.

(10) L'appréciation de l'intelligence d'une nation est bien plus difficile, que l'appréciation de sa morale; c'est un problème compliqué dont la solution exige l'estime du terme moyen des conceptions d'une multitude d'hommes; hors de toutes les espèces animales, l'humaine est celle où les individus, différant le moins par la constitution et la conformation physique, diffèrent le plus par la force et l'étendue de la pensée ; et cette inégalité qui tient à l'organisation, devient bien plus grande encore par la culture de l'intelligence. Il est dans le Laos ou le Tsiampa tel sauvage, dont l'entendement a plus d'affinité avec l'instinct de la bête, qu'avec les conceptions d'un lettré Tunkinois; quoique ces lettrés soyent encore loin des génies sublimes, qui ont éclairé l'univers.

L'objet des idées, leur abstraction, leur généralisation, forment la classification des êtres pensans; et là se trouve la mesure de l'esprit national. Il est des nations qui n'étendent point leurs conceptions au delà de ce qui frappe leurs sens; l'âme n'y sert qu'à diriger les mouvemens du corps, et hors de cette fonction reste inactive; telles sont pour la plupart les hordes sauvages. Les nations, qui ont quelque teinte de civilisation, ne voyent pas seulement le matériel des objets, mais leurs rapports, par la décomposition intellectuelle de ces objets forment des espèces, de ces espèces forment des genres, et portent leurs pensées sur ce qui est incorporel: telle a été l'Europe, depuis que les barbares du nord en ont envahi le midi, depuis le cinquième siècle de l'ère chrétienne, jusqu'au seizième. Dans une classe supérieure sont les nations qui, par une plus forte abstraction, par une plus grande généralisation pénètrent l'essence des choses, d'une multitude d'êtres réels, créent un être idéal, prototype des autres; des faits s'élèvent aux principes; de ce qui existe concluent ce qui existera, étendent l'empire de la pensée, soumettent au raisonnement, aux calculs, aux combinaisons, aux spéculations, le possible et le vraisemblable: telles sont les nations qui sont aujourd'hui à la tête de l'espèce humaine.

Dans ces diverses classes de nations, la Tunkinoise ne peut obtenir qu'un rang intermédiaire, marqué par les opérations de son intelligence, et par les productions qui en ont résulté; la mémoire plus active que le raisonnement; plus de sagacité que de profondeur; plus de succès dans l'énonciation des idées, et dans la littérature que dans l'investigation de la vérité, et des principes ; peu de notions en chimie et en mécanique, les deux sciences dont on retire la plus grande utilité. On ne doit au Tunkinois aucune des découvertes, qui ont élargi la sphère des connaissances humaines ; presque toutes les notions scientifiques qu'il possède, lui ont été transmises ; rarement il en a tiré le parti dont elles sont susceptibles ; rarement il les a fait servir au progrès des arts.

(11) Cependant ses institutions politiques et civiles, productions de l'esprit humain, si importantes pour le bonheur de l'homme, ne sont nullement méprisables. Le gouvernement, quoique despotique, ainsi que presque tous ceux de l'Asie, admet des modifications, qui modèrent, du moins légalement, la puissance souveraine. Quoique cette puissance soit illimitée en réalité, par la plénitude de la puissance militaire et du droit d'imposer ; non-seulement ce despotisme est tempéré par la douceur des mœurs, mais par des formes civiques, dont quelques-unes se rapprochent de la démocratie, singulièrement le droit de juridiction et même de législation, que les communes ont sur leurs habitans : dans l'ordre civil l'homme jouit de la liberté personnelle, base essentielle de l'ordre social, méconnue dans plusieurs états, parvenus à un haut degré de civilisation. La plupart des lois fondées sur des principes

sages, feraient régner l'équité si l'obtention de la justice n'était longue et dispendieuse, et quelquefois altérée par la partialité ou par une corruption venale.

(12) Ainsi vue et appréciée, la nation Tunkinoise est évidemment inférieure aux nations Européennes; si ce n'est peut-être aux Turcs, qui, par leur religion, leur gouvernement, leurs lois, leurs usages, leurs mœurs tiennent beaucoup de l'Asie, où est située une grande portion de leur empire; elle est fort supérieure aux nations de l'Asie septentrionale; elle l'est encore plus à toutes les nations Africaines; elle l'est aussi aux nations Américaines, telles qu'elles étaient avant que, par des relations avec les Européens, elles en eussent reçu l'empreinte. Suivons ce dernier objet de comparaison.

(13) Les Péruviens, qui, avant la découverte du nouveau monde, en étaient la nation la plus civilisée et la plus perfectionnée, adoraient le soleil, l'être matériel dont la puissance est le plus manifestée, et la bienfaisance plus active; mais ils n'élevaient point leurs pensées jusqu'à l'Etre, par qui existent tous les autres, et qui seul existe par lui-même. Leur gouvernement était théocratique, despotisme consacré, le plus illimité et le plus irrésistible de tous; leurs souverains nommés Incas, étant réputés parens du soleil, et à

ce titre participant à un caractère divin, toute désobéissance à leurs ordres était estimée sacrilège, et comme telle était punie de mort.

Cette nation était partagée en quatre ordres ; le premier n'était composé que de la famille royale, le second de nobles, le troisième de lettrés, tout le reste de la nation qui formait le quatrième ordre était dans la servitude ; tout le sol appartenait à l'état, et il était chaque année distribué aux citoyens pour le cultiver. Quoique la culture fut protégée et honorée, elle ne pouvait fleurir avec cette indétermination de propriété territoriale ; aussi était-elle fort imparfaite ; on ne travaillait la terre qu'à bras, et on ne faisait point usage de la charrue *. On ne savait point fouiller les mines, et on se bornait à recueillir le métal qu'on trouvait à la superficie de la terre, ou dans le lit des rivières. La métallurgie était mieux entendue ; on avait un moyen de durcir le cuivre, qui lui donnait presque la force du fer, qui manque à ce pays ; mais on ne savait en fabriquer que de petits instrumens, qui ne pourraient servir à de grands ouvrages. Les arts mécaniques étaient dans l'enfance ; on ne con-

---

* Le défaut d'usage de la charrue pouvait venir de ce qu'on n'avait point d'animaux de trait.

naissait pas la poulie. La bâtisse n'était pas mieux
entendue ; on ne savait pas construire des voûtes ;
et les ponts étaient faits avec des treillis de lianes.
Les échanges se faisaient en nature, où le terme
d'évaluation était une denrée d'un usage commun ;
et on ne connaissait point la monnoye métalli-
que, moyen de commerce si essentiel, si anciennement et si généralement pratiqué. Les Quipos,
si célébrés par les enthousiastes de tout ce qui
est extraordinaire, ces cordons dont les nœuds
marquaient des nombres et la couleur marquait
l'objet, ne pouvaient servir qu'au calcul, sans exprimer une intention, un sentiment, une idée; et
c'était un moyen de transmission bien inférieur à
l'écriture la plus défectueuse. Ainsi sur les objets
principaux qui contribuent au bien-être de
l'homme, et prouvent son intelligence, la nation
Péruvienne n'était pas au niveau de la Tunkinoise.

(14) Dans le Tunkinois on croit, sous nombre
de rapports, revoir l'Européen du douzième siècle, et de quelques siècles suivans : mêmes opinions, mêmes mœurs, mêmes usages ; l'état vacil-
lant entre le despotisme et l'anarchie; une religion superstitieuse ; plus d'attachement au culte
qu'aux préceptes ; les communes s'enorgueillissant
de la puissance de leurs génies tutélaires, comme
les communes Européennes de la sainteté de leur
patrons ; la croyance à l'astrologie; la magie

suppléant la médecine ; la sorcellerie inspirant une grande frayeur ; des préjugés tenant lieu de principes ; l'industrie n'ayant pour guide que la routine, le commerce presque nul ; les navigateurs n'osant s'éloigner des côtes ; dans les combats, des arcs, des flèches, des fusils à mêche. Les preux Tunkinois qui, il y a quarante ou cinquante ans, combattaient hors rang, et seuls attaquaient des bataillons, ne ressemblaient pas mal aux Taillefer et aux Taillerang.

(15) On a cru apercevoir dans les Tunkinois et les Cochinchinois une analogie particulière avec une nation Européenne, célèbre par sa gaîté, son goût pour les plaisirs, sa sensibilité, son attrait pour la conversation, sa disposition à se communiquer à l'étranger, la franchise de ses discours et de ses procédés, un courage brillant et impétueux : et les Anglais frappés de ces rapports ont nommé les Tunkinois et les Cochinchinois, les Français de la presqu'île au delà du Gange.

(16) Le Tunkinois porte l'empreinte de l'Inde par sa superstition, ses opinions, ses usages, ses institutions, son respect et son attachement pour tout ce qui est antique ; cependant moins ardent pour les plaisirs vénériens, que la plupart des Indiens, il est plus enclin aux plaisirs de la table ; fort sensible aux distinctions qui classifient la

société, il n'a point la vanité insensée de l'Indous, qui, par ses castes et leur séparation, établit entre les hommes des différences si fortes,
qu'il semble faire de l'espèce humaine plusieurs
espèces.

(17) En concentrant nos comparaisons dans
la presqu'île de l'Inde au delà du Gange, et
les îles de la mer du sud, peu distantes de cette
presqu'île, nous reconnaissons d'abord la supériorité de la partie orientale de cette presque
île sur la partie occidentale ; les Tunkinois et les
Cochinchinois sont plus avancés dans leurs connaissances et leur civilisation, que les habitans
des royaumes *d'Arrakan, Ava, Pegu, Siam, Ma-
laca,* et des îles de *Macassar* et d'autres. Le
contraste entre la pauvreté du peuple, et la somp-
tuosité du souverain est moins révoltant ; déjà
nous avons vu que le sol de cette partie orientale donne des productions d'une utilité plus
réelle, nous ajouterons que ce sol est mieux cultivé, et qu'on n'y voit pas autant de terres, qui susceptibles d'être mises en rapport, restent stériles.
Quoique les arts dans le Tunkin et dans la Cochinchine ne soyent pas fort avancés, ils y sont
plus pratiqués et mieux entendus ; si la carrière
du commerce extérieur était ouverte dans le Tunkin et dans la Cochinchine, elle donnerait de plus
grands produits, que dans le royaume de Siam,

dont la France avait, dans le dix-huitième siècle, conçu une opinion très-avantageuse ; mais on a reconnu que ce pays a peu d'objets à exporter, et moins encore à demander pour sa consommation.

Le Tunkinois n'est pas aussi servilement, et aussi stupidement dépendant, que les peuples de *Java* qui rendent à leurs rois des honneurs divins ; il n'est pas aussi superstitieux que les habitans *d'Arrakan* qui, pour rendre hommage aux idoles, se jettent sous les roues des chars, où elles sont transportées en procession ; il a plus de mœurs que les habitans du *Pegu*, chez qui les filles se donnent à loyer, et leur prostitution n'empêche pas qu'ensuite elles trouvent des maris, aussi facilement que si elles étaient restées vierges ; il n'a pas des idées aussi extravagantes que les *Siamois*, qui non-seulement croyent à la métempsycose, mais prétendent connaître l'histoire de la transmigration, et la succession des différens corps, dans lesquels une âme a passé ; il n'est point féroce comme le *Malais* ; il ne confond point comme le *Macassar*, et comme quelques autres habitans de quelques îles de la mer du Sud, le courage avec la fureur, et ne fait point consister le point d'honneur à ne jamais demander ni faire de quartier ; il ne met point comme eux son ambition à tuer, dans l'opinion que tous ceux qu'il massacre lui serviront d'esclaves dans une autre vie.

(18) Comme le Tunkinois est issu du Chinois, il est plus particulièrement intéressant d'observer en quoi il lui ressemble, en quoi il en diffère. La nation Chinoise plus fameuse que connue, célébrée dans ces derniers temps par nombre de philosophes comme le modèle des nations, doit peut-être l'exagération de ces éloges aux honneurs, et aux prérogatives qu'elle a accordés à la science; on nous a transmis de cette nation des traits qui doivent la rendre l'objet d'une haute admiration, et d'autres traits qui peuvent la faire mépriser et haïr.

Les Chinois, et les Tunkinois se ressemblent en ce que leur religion et leur constitution politique sont les mêmes; le peuple est polythéiste; et la partie du peuple la plus éclairée suit une doctrine plus philosophique que religieuse. Dans l'un et l'autre pays le despotisme contenu par les mœurs prend un caractère patriarchal: la nation forme une grande famille, qui, dans son souverain, croit voir un père; et en même temps chaque famille forme une petite nation, qui, dans son chef, croit voir un souverain; et le respect pour les parens, est un germe de vertus.

Pourquoi faut-il qu'au milieu de moyens de morale et d'ordre public si respectables, le bâton

soit dans l'un et l'autre état un instrument de
gouvernement; et qu'on ne sache pas suppléer
à la douleur physique par la raison, la vertu, et
l'honneur.

Ce qui distingue et illustre le peuple Chinois; et sous plusieurs rapports l'élève au dessus
du Tunkinois, c'est une grande modération dans
ses procédés, et telle que même les difficultés
qui surviennent entre les gens du peuple sont
traitées sans violence et avec politesse; des connaissances, qui ont précédé celles d'Europe, mais
à la vérité sont restées stationnaires depuis nombre
de siècles; dans les procédés industriels, une dextérité manuelle, que nul autre peuple n'a égalé;
la construction de nombre d'admirables et utiles
monumens; une muraille de la plus vaste étendue, bâtie dans un temps où l'on ne connaissait
point d'autre manière de fortifier les frontières
des états; nombre de fleuves contenus dans leur
lit, et forcés de prendre une direction favorable au
commerce; des canaux qui, creusés d'une extrémité
de l'empire à l'autre, y ouvrent une communication par eau. Mais un genre de gloire bien supérieur à tout autre, est que ce peuple, subjugué
par les Tartares, a obtenu sur eux un triomphe
plus honorable que celui des armes; vaincu, il a
soumis ses vainqueurs à ses lois et à ses mœurs.

Mais d'autre part, que penser d'un peuple

qui sur nombre d'objets, se montre sans humanité, sans sensibilité, sans justice, sans ordre
public, sans morale, sans cette noble fierté, com-
pagne et conservatrice de la vertu ; peuple dont
les qualités morales les plus admirables souvent
dérivent de sa faiblesse ; peuple dont l'esprit a plus
le caractère de la finesse et de la ruse, que de la
force et des grandes conceptions ; peuple qui ne
manque point de sagacité, mais dédaigne l'instruction, et voit avec indifférence les plus belles
productions des arts, quand elles ne sont pas son
ouvrage *.

Tous les voyageurs, tous les auteurs, qui ont
le mieux connu, le mieux peint le Chinois, attestent qu'il est vaniteux, bas, intéressé, souple, ram-
pant, disposé à souffrir tout genre d'humiliation,
dès qu'il en peut retirer quelque avantage.

La bonne foi est une qualité qui lui semble
étrangère ; il est peu de nations auxquelles on
reproche autant de fraudes dans les conventions,
et qui rougisse moins de l'escroquerie.

L'amour antiphysique a dans ce pays beaucoup de sectateurs, et n'est ni puni par les lois,
ni flétri par l'opinion publique.

---

* L'amiral Anson censure justement les Chinois qui lorsqu'ils virent paraître sur leurs côtes son vaisseau de 80 canons,
ne témoignèrent aucun désir de connaître cet édifice maritime,
dont l'apparition était nouvelle dans ces parages.

Le nombre des eunuques est très-grand, et celui des célibataires religieux monte, à ce qu'on prétend, à un million.

Les femmes qui, dans d'autres pays, font le plus grand agrément de la société, sont séquestrées dans l'intérieur de leurs maisons, qui sont pour elles une espèce de clôture monacale, dont elles ne sortent que quand les besoins du ménage l'exigent. Celles qui par leur fortune ne sont pas obligées de travailler pour subsister, assurent encore cette séquestration, en diminuant le volume de leurs pieds, et en se réduisant par cette coquetterie insensée, à ne pouvoir marcher sans une grande difficulté.

La puissance maritale est si illimitée, qu'un mari qui, dans un accès de colère, tue sa femme, n'est point puni par la justice. Le sentiment de la paternité, un des plus doux liens qui unisse les hommes, et que connaissent même les bêtes, est violé d'une manière atroce; nombre de nouveaux-nés sont abandonnés; et tous les matins au milieu des rues des villes, on en trouve exposés, qui sont écrasés par des voitures, ou dévorés par des chiens, ou des cochons.

Sur les grands chemins et sur les bords des canaux sont gisans des malades qui souffrent et agonisent, sans que leur situation excite la compassion, et obtienne des secours des passans.

Dans ce gouvernement si vanté, le droit essentiel de l'homme, la liberté personnelle n'est point assurée, et l'esclavage est admis par les lois.

Un peuple en possession d'un sol fécond est exposé à des famines fréquentes, et qui presque toujours accompagnées de révoltes, réunissent toutes les causes de destruction. Malgré la grande puissance dont l'empereur est investi, son gouvernement est si faible, où la police est si peu vigilante, que la plus grande partie de l'empire est infestée de voleurs, qui, dans quelques provinces, forment des troupes redoutables, ravagent les campagnes, et même assiégent et prennent des villes fortes ; et quoique, depuis quelque temps, ils aient été plus contenus, ils sont encore si nombreux, que tous les ans on en prend trente à quarante mille.

Les côtes ne sont pas plus sûres que les grands chemins ; les mers sont couvertes de pirates, dont les bâtimens portent jusqu'à vingt canons ; et en se réunissant, ils ont souvent résisté aux forces navales de l'empereur. Ces pirates infestaient aussi les côtes du Tunkin et de la Cochinchine ; mais depuis que les guerres civiles y sont cessées, ils n'osent plus se montrer dans ces parages.

Les mandarins gouverneurs des provinces, abusant de la confiance de l'empereur, qui ne voit que par leurs yeux, lui en imposent avec une audace, qui paraît incroyable à des Européens ;

M 2

exercent une puissance arbitraire et tyrannique, et ne sont point punis de leurs injustices et de leurs vexations, pourvu qu'elles n'excitent point de révoltes, ou qu'ils les appaisent promptement.

Les formes du régime politique, les opinions, les mœurs, les traits caractéristiques des nations, offrent une analogie sensible entre le Chinois et le Tunkinois, suite naturelle de leur unité d'origine; mais à travers cette analogie se découvrent des nuances et des variétés ; dans le Chinois plus d'instruction, plus de vices, plus de subtilité dans les procédés, d'adresse dans les ouvrages, de persévérance dans le travail ; dans le Tunkinois, plus de loyauté dans les sentimens, plus de franchise dans les discours, plus de fidélité aux engagemens, plus de bravoure dans les combats. Le Tunkin n'est point sujet à des famines aussi fréquentes et aussi désastreuses ; il n'est point de brigands, qui y fassent des invasions ; les mandarins n'y sont point injustes avec autant d'audace et d'impunité ; des goûts infâmes y sont inconnus ; le sexe n'y est point opprimé ; le sentiment de la paternité n'y est point enfreint. Le malheur y trouve des cœurs plus sensibles. Si le Chinois est supérieur par son intelligence et son industrie, le Tunkinois l'est par ses mœurs.

(19) Du récensement des qualités, des défauts, des vertus, des vices, des institutions, des connaissances, des arts du Tunkinois, de la com-

pensation des biens dont il jouit, et des maux auxquels il est exposé ; de la comparaison de ses facultés et de son sort, avec les facultés et le sort des autres peuples, il résulte que le Tunkin est un pays très-avantageusement doté par la nature, mais dont l'habitation n'est ni sans inconvénient, ni sans danger ; que le peuple Tunkinois est soumis à un gouvernement despotique, mais qui dans les temps ordinaires n'est pas tyrannique ; que ce peuple est exempt de fanatisme, non de superstition, et de la falsification des idées qui en est une suite ; que, quoique intéressant et estimable sous nombre de rapports, il est peu avancé dans la carrière de la pensée et de l'industrie, et novice encore dans les grands principes d'ordre public et d'administration ; enfin que par ces avantages, et malgré ces défectuosités, il tient un rang distingué parmi les peuples de l'Asie, et est un de ceux avec lesquels l'Européen doit le plus désirer des relations.

Résumé des Causes.

(1) Dans l'exposé que nous avons tracé, de ce que le Tunkin offre de plus remarquable, nous avons, sur chaque objet séparément, indiqué l'origine et les causes de ce qui existe ; mais ce n'est qu'en rapprochant ces causes, et en les mettant en présence l'une de l'autre, que leur puissance et

leurs effets peuvent être bien jugés. C'est alors qu'on voit le physique créer le moral, le moral seconder ou réprimer l'action du physique; et suivant ce concours ou cette opposition, suivant l'analogie ou la contradiction des lois de la nature, et des lois de l'homme, les peuples se ressembler ou différer; des habitans d'une même contrée ne point paraître des êtres d'une même espèce; des habitans des régions les plus éloignées offrir un caractère de fraternité, sauf des disparités de forme, de couleur, de langue; les descendans différer essentiellement de leurs ancêtres.

C'est ainsi que par l'examen de l'action et de la réaction de ces causes, se découvre le germe des facultés et des affections du Tunkinois, pourquoi il a une grande sensibilité, pourquoi il est égaré dans ses opinions par tant d'erreurs, quoique son jugement soit sain; pourquoi il a du penchant à l'inaction de l'esprit et du corps; pourquoi quelquefois ses actions sont en contradiction avec ses dispositions; en un mot, les ressorts secrets de son caractère sont à découvert.

Au Tunkin, ainsi que dans tous les autres pays, le climat est le principal moteur et le régulateur de l'espèce humaine *; et son action tantôt

* La croyance à la grande influence du climat sur l'espèce humaine n'est point une opinion nouvelle ni paradoxale, mais une vérité constatée par l'observation de tous les pays, reconnue par

secondée, tantôt contrariée, jamais anéantie, met une empreinte sur toutes les affections, en détermine la direction et la graduation.

---

les philosophes de tous les temps. C'est par cette action du climat que les philosophes Grecs ont expliqué le caractère des peuples, même des peuples habitans de pays voisins, tels que ceux de la Laconie, de la Béotie, de l'Attique. Le climat par une puissance qui tient à l'essence des choses, agit sur le minéral qu'il échauffe ou refroidit, dessèche ou humecte, par le minéral il agit sur le végétal, qui en tire sa substance ; par le végétal, sur l'animal qui s'en nourrit. Mais en outre le climat agit directement sur les êtres animés, par l'énorme quantité d'air qu'ils aspirent et respirent à chaque moment de leur existence ; et qui identifié avec leurs corps, leur communique les modifications de l'atmosphère. Cette influence est identique sur les animaux et sur les hommes pourvu qu'elle ne soit pas contrariée dans l'espèce humaine par des causes étrangères au physique. Aussi dans les grandes masses d'êtres animés, on peut juger des qualités des hommes par celles des animaux et réciproquement. L'Afrique est la partie du monde où l'on trouve le plus de bêtes féroces ; et l'Africain est l'homme le plus immoral et le plus cruel. En Asie et particulièrement dans l'Inde, qui fixe ici nos regards, se trouvent les mêmes animaux qu'en Afrique, mais ils sont moins féroces ; et les Indiens n'ont pas autant d'improbité, autant de disposition au meurtre que les peuples Africains ; les gouvernemens sans être bons, sont moins oppressifs. Les *Pumas* et les *Jaguars* sont les animaux de l'Amérique les plus redoutables, et ne sont aussi farouches, ni aussi formidables, ni aussi carnaciers que les lions et les tigres, avec lesquels on les avait d'abord confondus ; et les Caraïbes, habitans indigènes de ces contrées, parurent, lorsqu'elles furent découvertes, une espèce d'hommes à part, plus faible, plus douce, plus éloignée de toute violence. On ne trouve point en Europe des animaux, ennemis aussi terribles de l'homme que les

(2) Tandis que dans les climats très-froids, la gourmandise est portée jusqu'à la voracité, et la

---

lions et les tigres. L'animal le plus méchant est le loup, et l'Europe, de quelques crimes qu'elle ait été souillée, est la partie du monde où l'espèce humaine est portée à un plus haut degré de perfection.

Un plus grand développement, et des particularités rendraient plus sensible la simultanéité sur toute la terre des effets du climat sur l'homme et sur l'animal ; mais pour abréger, ne suivons ce rapprochement que pour l'Afrique, habitée par ce qu'offrent de pire l'une et l'autre espèce ; et dans cette patrie des animaux les plus féroces voyons l'espèce humaine dans la plus grande dépravation. Cette partie du monde, si l'on en excepte l'Egypte, qui par sa localité tient presque autant de l'Asie que de l'Afrique, est celle qui a produit le moins de grands hommes, moins de génies, moins d'hommes sages, justes, vertueux ; l'improbité y semble indémique, la trahison, le manque de foi y est habituel ; nulle part la propriété n'est moins en sûreté ; les femmes vendent publiquement ce qui, ailleurs, est le prix de l'amour ; nul genre de vice n'est déshonorant, s'il n'est suivi d'un mauvais succès ; le sceptre des rois est un glaive, les juges sont les exécuteurs de leurs jugemens. Le despotisme et la tyrannie d'une part, de l'autre la servitude et la bassesse sont au dernier degré. L'homme y est une marchandise et cette vente infâme est une suite de la perfidie autant que de la guerre : les rois ne vendent pas seulement les prisonniers faits dans les combats, mais les habitans de pays voisins avec lesquels ils sont en paix, et qu'ils font enlever furtivement ; et si leurs agens sont surpris ils les désavouent, et ce sont eux qu'ils vendent, comme coupables. Avec cette même perfidie, le mari vend sa femme, l'amant sa maîtresse, l'ami son ami, le père vend ses enfans. On a même vu le fils vendre son père. Ce monstre ayant été avec son père chez un marchand d'esclaves, le vendit ; et le père ayant réclamé et protesté que le vendeur, loin d'avoir aucun droit sur lui, était son boisson des liqueurs fortes est réputée la plus grande des jouissances ; tandis que dans les climats brûlans, l'ardeur pour la conjonction des sexes est une fureur, et le sexe le plus fort ne peut s'assurer du sexe le plus faible qu'en le tenant captif ; dans le Tunkin, dont le climat est intermédiaire entre ces excès de froid et de chaleur, les femmes sont libres, sans que les mœurs soient obscènes ; au lieu d'un appétit dévorant, et d'une ivrognerie grossière, un goût vif pour les plaisirs de la table, est souvent dirigé pour un luxe élégant.

(3) Une température humide, douce, chaude, amollissant la fibre, et relâchant l'organisation, étend son influence sur les facultés du corps et de l'âme, le repos a un grand attrait, on ne se livre au mouvement, que quand on y est forcé par le besoin, la méditation fatigue, communément les affections sont douces, et bienfaisantes. Ce peuple est préservé de cette effervescence, qui tient tant d'autres peuples dans l'agitation, leur fait un besoin d'agir, de se mouvoir, de connaître, de dominer,

---

fils ; celui-ci le désavoua pour son père, et retourna chez lui se vantant du succès de sa fourberie. Le chef du lieu en témoigna son indignation, confisqua les biens du coupable, le vendit lui-même comme esclave ; mais ne racheta point le père, et le crime ne fut puni que par un crime.

source féconde de perfectionnement, de puissance, de troubles, de gloire, de malheurs.

(4) La disposition à l'inaction que fait naître le climat, est secondée par l'usage des boissons chaudes, qui ajoutent à la relaxation de la fibre ; et d'ailleurs la munificence de la nature qui dispense de grands travaux, pour subvenir aux besoins, favorise et facilite le penchant à l'inertie.

(5) Cependant, l'habitant de ce pays a été rappelé à l'activité par la sujetion à des corvées pénibles, et par la nécessité d'acquitter des impôts onéreux ; d'autre part, des guerres intestines qui, pendant un long-temps, ont dévasté le Tunkin et la Cochinchine, ayant forcé au port d'armes tout homme en état de les porter, ont accoutumé à l'agitation de la vie militaire. Quand les besoins et les ordres du gouvernement ne forcent point à l'action, les passions peuvent y porter, et quoique les passions du Tunkinois ne soyent pas très-vives, il en est une qui produit cet effet sur nombre de Tunkinois ; celle des passions dont les jouissances sont le plus illusoires, la vanité ; et de tous les genres de vanités, celle que la raison avoue le moins, le désir d'un bel enterrement.

(6) L'inaction du corps est favorable à l'action de l'esprit. Mais la distension de l'organisation influant sur l'intelligence, la tient dans une stagnation peu compatible avec les efforts néces-

saires pour électriser la pensée, et la rendre pro-
ductive.

(7) Un autre obstacle au progrès des sciences
chez cette nation, malgré les grands encouragemens
qui leur ont été donnés, est le long apprentissage
qu'exigent la lecture et l'écriture, et qui consomme
à l'étude des signes représentatifs des idées, le temps
qui devrait être donné à la vérification et au développement de ces idées ; enfin l'idolâtrie et le despotisme enchaînent, stérilisent, et falsifient l'opinion.

(8) En même temps que ces institutions cimentent l'ignorance, l'ignorance consolide ces
institutions qui sont d'un même genre ; l'idolâtrie
étant un despotisme religieux, et le despotisme une
idolâtrie politique ; dans l'un on méconnaît l'essence de la divinité ; dans l'autre on méconnaît
l'objet, et par conséquent, les justes limites de l'autorité ; et ces erreurs concomitantes se soutiennent
réciproquement par l'analogie de la soumission
qu'elles exigent.

(9) Le Tunkinois est gouverné par les mœurs
concurremment avec les lois civiles et religieuses ;
et ce qui a été dit des Gaulois que, chez eux, les
usages étaient plus puissans que les lois pourrait
être dit de presque toutes les nations, mais surtout
des Tunkinois ; il est peu de nations sur qui les
usages ayent plus d'empire, il est des usages que le
despotisme ne peut abroger, avec lesquels il est

obligé de transiger, et qu'il ne peut détruire que par l'exemple, la persuasion, et le temps.

(10) De ces usages il en est d'utiles, il en est de nuisibles, il en est qui sous divers rapports sont utiles et nuisibles, le respect pour les ancêtres en donnant à chaque famille des modèles, cimente la morale ; en soumettant à l'exécution de leurs intentions, crée une législation supplémentaire, en vénérant leur mémoire place dans chaque maison des dieux domestiques. Mais ce respect s'étendant aux opinions de ces ancêtres ainsi qu'à leurs actions, consacre les préjugés et éternise l'erreur. D'autre part, si la multitude des formalités et des cérémonies rappelle sans cesse l'idée des devoirs dont elles sont l'effigie, l'importance attribuée à ces formes fait perdre de vue les véritables obligations pour ce qui n'en est que la représentation. Si de grands hommages rendus aux souverains sont utiles pour accoutumer par ces marques extérieures à une soumission qui n'est point dans l'ordre naturel ; l'exagération de ces hommages fait oublier aux chefs des états, qu'ils ne sont que les serviteurs couronnés des peuples, et aux peuples qu'ils ont des droits. Dans les relations de famille, les prestiges sont les mêmes ; l'usage des hommes d'avoir plusieurs femmes, par son antiquité et par son universalité, assimile à un vœu de la nature, ce qui en est l'infraction ; non-seulement le sexe qui abuse, mais celui même dont on

abuse, n'imagine pas la justice et la convenance d'un autre ordre de choses.

(11) Dans les divers événemens qu'a éprouvés le Tunkin, dans les vicissitudes de tranquillité, de troubles, de bonheur, de calamités, il a subi le sort auquel conduit le despotisme; constitution qui, plus qu'aucune autre, peut conférer au peuple, qui y est soumis, une grande félicité, lorsque le despote est juste et éclairé; cependant constitution essentiellement vicieuse, parce qu'il n'est pas dans la nature qu'après un certain temps, un pouvoir illimité ne dégénère en abus, et qu'il existe une succession de despotes qui désirent le bonheur de leurs sujets, et soient capables de l'opérer. Le vice de la constitution a produit un gouvernement défectueux, et cette défectuosité a produit une administration désordonnée, qui plus que toute autre action de la puissance publique, a une influence funeste sur le sort des peuples.

(12) On ne peut voir qu'avec surprise qu'un peuple industrieux et adroit, n'ait que de bien faibles succès dans la plupart des arts dans lesquels il s'exerce; mais il faut se rappeler que par son genre d'esprit il n'élève point ses idées jusqu'à la théorie de ces arts, que le respect pour les ancêtres empêche de s'écarter des procédés qu'ils ont suivis, que l'usage pervers du gouvernement de s'emparer des plus belles productions des arts fait craindre de paraître y exceller,

et il est encore pour les beaux arts des raisons particulières qui en retardent les progrès ; quoiqu'il n'y ait point de territoire qui leur convienne mieux, que celui dont la température est douce, et éloignée de l'excès de la froidure qui obstrue les organes, et de l'excès de la chaleur qui en exagère la sensibilité, et que d'ailleurs les fortunes nécessaires pour mettre ces arts en œuvre, ne manquent ni dans le Tunkin, ni dans la Cochinchine ; mais les organes des Tunkinois, ainsi que ceux de presque tous les orientaux, par une défectuosité dont le genre et la cause ne sont pas connus, n'ont pas d'aptitude à saisir des nuances délicates, et manquent d'une sensibilité fine et juste ; d'ailleurs les Tunkinois en fait de jouissances, donnent la préférence à la gourmandise, et communément ce genre de jouissance dispose à l'insensibilité pour les plaisirs que donnent les beaux arts ; plaisirs qui, par leur nature, doivent beaucoup à l'imagination.

(13) S'il se trouve diversité dans les affections, dans les mœurs, dans les usages, dans le sort des divers états soumis à la domination de l'empereur, la différence provient de l'étendue du territoire, qui comprenant quatorze degrés de latitude, est, par la proximité ou la distance de l'équateur, soumis à une température inégale, et cette inégalité se rencontre souvent à un même degré de latitude, le Tunkin et la Cochinchine étant coupés

par nombre de montagnes, dont la direction ou-
vrant ou fermant l'accès à divers vents, change
la température, et met des cantons voisins dans
la même situation, que s'ils étaient à une grande
distance; de plus les provinces dont le sol est sté-
rile ou fécond, celles qui sont couvertes de bois, ou
forment des rizières, appellent leurs habitans à des
travaux différens, à une manière de vivre diffé-
rente, conséquemment à des mœurs différentes; et
les cultivateurs dans les provinces Méditerranées,
les navigateurs dans les provinces maritimes ne
sont pas un même genre d'hommes. La puissance
particulière et indépendante que chaque commune a sur ses citoyens, le régime qu'elle prescrit,
la vigilance avec laquelle elle en surveille l'exécution, forment de ces partitions ainsi concentrées, de
petites nations, qui ont entre elles une analogie ou
une dissemblance, dans lesquelles, on peut distinguer l'empreinte de ces causes indémiques et con-
ventionnelles.

(14) Qu'on se rappelle, d'après les événemens dont nous avons donné l'esquisse, que dans
ce pays, peu d'hommes ont péri par des ouragans,
et autres désordres de la nature, et qu'un grand
nombre a péri par le glaive, même par le glaive de
ses concitoyens, que de cruelles famines n'auraient
pas réduit à un manque absolu de subsistance, si
le superflu des années d'abondance avait été conservé pour suppléer à la stérilité d'autres années;

et si des guerres intestines, n'avaient occasionné la dévastation des terres; que les injustices procédent moins du vice ou de l'imperfection des lois que de leur inexécution; que les impôts sous le poids desquels le peuple gémit sont moins onéreux par leur excès que par la défectuosité de leur genre, de leur répartition, de leur recouvrement; que les vexations ne viennent point du souverain, mais de l'infidélité et des prévarications de ses agens; et on reconnaîtra que le malheur du Tunkinois est moins le fait de la nature, que le fait de l'homme, et procède autant de son imprudence et de son impéritie que de sa perversité, observation qui peut s'étendre à bien d'autres nations.

CHAPITRE III.

Aperçu de l'Avenir.

(1) QUOIQUE la destinée des nations puisse être considérée, comme écrite dans leur situation topographique, dans le climat sous l'empire duquel elles sont placées, dans leur constitution, et leur organisation politiques, dans leurs mœurs, leurs usages, leurs intérêts, leurs moyens, leurs rapports avec des pays limitrophes. Quoique l'avenir y semble tracé en caractères perceptibles pour des yeux pénétrans; quoiqu'il existe des causes essentiellement productives des événemens; la mobilité de plusieurs de ces causes, les modifications dont elles sont susceptibles, l'influence des faits minutieux sur des faits importans, et une multitude de chances incalculables font que, dès qu'on veut passer de la vérification du sort actuel d'une na-

tion, à l'appréciation de son sort futur, un horizon si vaste se découvre, que le regard s'y perd ; et il faut reconnaître que la prévision politique n'appartient à l'homme qu'avec une telle imperfection, qu'elle a souvent été l'écueil des philosophes, et des hommes d'état*.

(2) Leurs prophéties sont bien plus hasardées, et plus fautives encore ; quand elles ont pour

---

* Au commencement du 18me siècle, de grands politiques menaçaient l'Europe que ce siècle ne se passerait pas, sans que le Turc l'eût envahie. Le roi de Prusse, Frédéric le Grand, a, dans l'histoire de la guerre de sept ans, annoncé que désormais les guerres Européennes seraient d'une plus courte durée, parce qu'elles se font actuellement avec des armées si nombreuses, que la difficulté de les recruter, de les approvisionner, de les solder, doit, après quelques campagnes, forcer à la paix. Après cette même guerre, le Duc de Choiseul qui l'avait dirigée pour la France, a prédit dans un mémoire imprimé que, dans le siècle prochain, les guerres seraient plus rares, parce que les plus importantes se font pour le commerce, et sont soldées par le commerce, et qu'on commence à s'apercevoir que la guerre même heureuse, est nuisible au commerce. A la paix de 1783, les Etats-Unis d'Amérique ayant obtenu l'indépendance, les Anglais les plus éclairés, assuraient que la Grande Bretagne allait éprouver un grand déchet dans son commerce ; et ce commerce est prodigieusement augmenté même dans les pays dont elle a perdu la souveraineté. Lorsqu'à la paix de 1748, la maison de France régnait sur une grande partie de l'Europe, quel politique aurait prévu que, dans l'espace de soixante années, tous ses trônes seraient renversés, et que les princes qui en étaient en possession, et ceux qui y étaient appelés, auraient peine à trouver un asile sur le continent de l'Europe.

objet un état monarchique, dont le sort dépend de l'existence, des qualités, des idées, des affections d'un seul homme, ensorte que les moindres accidens peuvent produire les plus grands changemens*. Il est cependant possible d'apprécier la probabilité des événemens, d'après leur série naturelle et ordinaire, sauf les intervertions accidentelles; et à quoi servirait la notion du passé, si elle ne conduisait à entrevoir l'avenir, c'est dans cet esprit et avec cette réserve, que nous allons tracer l'avenir probable du Tunkin.

(3) Le sort futur du Tunkin, est d'abord tracé dans l'ordre général, qui meut et régit toutes les nations; hors, sur presque toute la surface du globe, il s'opère une amélioration progressive dans l'existence physique de l'homme. Plus la terre est habitée, plus elle devient habitable, salubre, féconde; les eaux stagnantes par les débouchés qui leur sont ouverts prennent leur cours, et l'atmosphère est purifié; le sol, par la division habituelle de sa superficie, reçoit dans son sein l'impression bienfaisante de l'air, et par là une plus grande ap-

---

* Nul prince destiné au trône, n'a dû faire concevoir de lui de plus grandes espérances que le Dauphin, fils de Louis XV, jugé d'après ce qu'il a été dans ses dernières années. Ce prince avait une dartre sur la lèvre, il y a appliqué une pommade qui a fait rentrer l'humeur dans le sang. Sans cette pommade, point de révolution en France, et un autre ordre de destinées pour l'Europe.

titude à la fécondité; les végétaux, par la fréquence de leurs productions dans des terreins qui leur conviennent, acquièrent une meillure qualité*, et le Tunkin participant au sort commun aux autres contrées doit, de siècle en siècle, fournir à ses habitans une résidence meilleure et plus avantageuse.

(4) Un bienfait de la nature, indépendant de toute coopération de l'homme, est que, dans plusieurs parties du globe, l'influence du climat sur l'homme et sur le sol devient plus favorable; et ce changement est évidemment sensible en Europe. En Suède, les vieillards attestent presque unanimement, que les hivers sont moins rigoureux; dans le centre de l'Europe croissent et mûrissent des fruits, qui précédemment étaient tirés des contrées plus méridionales. En Italie, les fleuves, dont autrefois le cours était presque chaque année intercepté par les glaces, n'éprouvent plus cette interruption. Mais on n'a point de renseignemens assez certains sur les changemens qui s'opèrent dans l'atmosphère de la zone torride, et particulièrement dans l'atmosphère du Tunkin, pour former d'après ceux survenus, des conjectures sur ceux qui surviendront; notion qui serait d'autant plus

---

* Le froment, qui paraît avoir été originairement un simple gramen de la nature du foin, est devenu un végétal farineux, qui fournit un excellent aliment.

intéressante que les révolutions atmosphériques entraînent nécessairement d'autres dans l'ordre physique et moral.

(5) Une opinion s'était assez généralement répandue et accréditée que sur toute la surface du globe la mer se retire, et que la terre gagne*; et cette retraite, si elle était constante, devrait, par le desséchement du sol, opérer une modification dans la faculté végétative et dans l'organisation des êtres animés; mais cette opinion est aujourd'hui révoquée en doute; et il n'est pas décidé, si la perte de la mer est générale et absolue ou partielle, et compensée par des usurpations sur la terre†. Quoiqu'il en soit, de l'état des eaux sur la surface du globe, et quoiqu'on attribue à la mer un mouvement d'orient en occident, indépendant de

---

* Newton a adopté cette opinion ; et Celsius a été jusqu'à assigner la mesure de la perte annuelle qu'éprouve la Baltique, et qui doit être commune à l'océan, le niveau de ces deux mers devant être nécessairement la même, a quelque légère différence près ; mais cette estime ne parait pas fondée, car si elle l'était, dans des ports de France où l'on s'embarquait du temps de Charlemagne, l'eau devrait être baissée d'environ trente pieds, et cependant on s'y emba que encore aujourd'hui.

† Sur presque toutes les côtes orientales de l'Europe, la mer s'est retirée, mais le Zuiderzée est une invasion de l'océan, et les pointes de terres trouvées à l'ouverture de ce golphe, sont les dunes qui étaient anciennement à l'extrémité de cette contrée. Mais en Asie tout le grand espace qui est entre l'Indus et le Gange parait être une alluvion.

son mouvement diurnel, il est constant qu'elle perd beaucoup sur les côtes du Tunkin, et c'est un effet de la même cause qui a découvert de grands espaces sur les côtes de Chine, qui sont dans la même direction. Si, dans quelques parties du Tunkin, la mer a fait des invasions, dans les autres parties ses délaissemens sont bien plus étendus, et indépendamment de cette retraite de la mer, les fleuves nombreux qui arrosent le Tunkin, forment à leur embouchure un amas de limon, qui d'année en année prend consistance, et devient une terre solide; et de cette excroissance il suit que le terrein du Tunkin doit s'agrandir, que les contrées qui forment les côtes, déviendront Méditerranées, d'où résulteront les suites nécessaires d'un tel changement.

(6) Si de l'observation du physique nous passons à l'observation du moral, un grand et intéressant problème s'offre à résoudre. Doit-on s'attendre que dans le Tunkin l'homme devienne un être meilleur qu'il n'a été par le passé? Ici il est encore admissible de conclure le sort d'une nation en particulier, de leur sort général. A la vérité, la vertu et le crime circulent sur la terre, et la plupart des nations ont été à diverses époques respectables par de grandes qualités, odieuses par des attrocités; cependant on doit reconnaître dans la masse de l'espèce humaine, sauf des commotions partielles et temporaires, une tendance universelle

à un ordre politique mieux constitué, à des mœurs plus douces, à un aperçu plus juste des droits de l'homme, à un plus grand respect pour ces droits. L'état ignominieux de serf qui était anciennement le sort du plus grand nombre des habitans de l'Europe, y est presque entièrement aboli. En Afrique les gouvernemens sont moins sanguinaires; le tyran de Maroc, le plus cruel des déspotes, s'est aperçu, qu'en coupant des têtes, il perd des sujets, et des contribuables. Dans l'Inde malgré l'immutabilité des opinions et des usages, une partie de l'espèce humaine s'est un peu relevée de la dégradation, à laquelle elle était condamnée. Dans le Coromandel les *Parias,* dans le Malabar les *Poulichis* n'inspirent plus autant d'horreur, depuis que les Européens les ont associés à leurs travaux, depuis que les chrétiens ont admis dans les églises ceux d'entre eux qui ont embrassé le christianisme. Partout où s'introduit la civilisation, lors même qu'il n'y a pas moins de vices, il y a moins de crimes par les obstacles qu'y met une police vigilante. Et les renseignemens que nous avons sur les mœurs, et sur l'ordre public du Tunkin, nous font connaître que ce n'est pas l'état de l'Asie, qui marche le plus lentement dans cette carrière de rectification.

(7) La vérité la plus importante par sa nature, et la plus essentielle pour le maintien des mœurs, fait sans cesse des conquêtes; et les anciens

abus de cette vérité sont réprimés. L'idolâtrie, qui est aujourd'hui un indice de stupidité, perd annuellement de son territoire, tandis que le christianisme qui élève l'esprit à des idées abstraites et sublimes, fait journellement des conquêtes, et en sanctifiant éclaire. L'islamisme, qui sans être à cette hauteur, est une croyance plus digne de l'homme, que n'est l'idolâtrie, lui enlève aussi des sectateurs. La superstition n'a plus le même ascendant, l'inquisition ne fait plus passer par la main du bourreau que des livres et non des hommes; les voyages de la Mecque quoique prescrits par le Koran, ne sont presque plus en usage: l'Indous n'est plus aussi convaincu qu'en se plongeant dans les eaux du Gange, il prévient tous les malheurs, ou expie des crimes. Le grand Lama n'a plus d'autorité sur les affaires temporelles de l'Inde, et nous avons vu que dans le Tunkin par un semblable épurement de l'opinion religieuse, la prétendue commotion que les génies donnent à des barques qui leur sont dédiées, ne forment plus un événement aussi important. Dans les maladies on appelle des médecins plus souvent que des divins. Les sorciers ne sont plus si formidables, et le diable perd journellement de son crédit.

(8) Ainsi que les notions religieuses, les notions scientifiques et industrielles se rectifient, les classes d'hommes qui paraissent les plus stupides donnent des signes d'une intelligence nou-

velle, le Lapon commence à connaître la culture,
le Sibérien met plus d'art dans sa chasse; les
hordes errantes de l'Amérique poussent leurs calculs au delà du nombre vingt; le Hottentot ne
vend plus le matin le lit dont il aura besoin le
soir; les peuples qui étaient déjà initiés dans la
carrière de la pensée, y ont fait des pas énor-
mes, presque tout le système scientifique est
changé; l'univers a pris à nos yeux une grande
extension; de nouvelles étoiles, de nouvelles planètes, de nouveaux satellites de planètes déjà
connues ont été découverts. Les quatre élémens ont disparu, on ne sait point encore quelle
substance mérite ce nom. Les règnes de la nature n'ont plus de limites, la matière est reconnue homogène avec une continuité modifiée, ou
la faiblesse de nos organes avait cru voir des
intervalles. Les cinq sens se réduisent à celui
du toucher, agissant sur divers organes. Les
arts ont fourni aux sciences des instrumens, et
ont profité de leurs découvertes; la terre, l'eau,
l'air, le feu ont été assujétis au service de l'homme,
et par leur intervention une force motrice prodigieuse a été obtenue; des machines substituées à la
main ont opéré plus régulièrement, plus rapide-
ment, et avec une telle précision, une telle dextérité, que ce qui est inanimé a semblé avoir de
la sagacité; on ne peut fixer de terme aux conceptions et à l'industrie de l'homme, et à la

puissance qui en résulte. Si le Tunkinois est loin encore de ces prodiges par lesquels s'est illustrée l'espèce humaine, il est sur la voye qui y conduit. Le perfectionnement de ses arts est lent ; cependant il cultive mieux que par le passé : il pêche avec plus d'art, il fabrique plus promptement, plus économiquement, plus régulièrement. La coupe, le gréement, la manœuvre des vaisseaux sont mieux entendus ; et dans ces procédés industriels, il s'en faut peu que chaque année ne surpasse l'année précédente, et ne mette l'année suivante en état d'aller plus loin encore.

(9) La situation du Tunkin, et diverses circonstances sont favorables au perfectionnement de cet état. Comme pays maritime, il a par la facilité de la communication avec l'étranger, des moyens d'instruction dont sont privés les pays méditerranés ; depuis quelque temps la barrière des préjugés et de la routine est ébranlée ; on se ressent de cette fermentation de l'intelligence, principe du développement des idées ; et chaque nouvelle notion devient un degré pour parvenir à des notions d'un genre plus élevé. Les gens de guerre étrangers, qui sont venus enseigner leur art, ont importé avec les connaissances, qui sont de l'essence de cet art, nombre de connaissances qui en sont indépendantes, et qui doivent germer dans ce pays, et y donner des produits jusqu'alors inconnus, et retardés par les institutions civiles et religieuses.

(10) Six états qui avaient des souverains différens n'en reconnaissant plus aujourd'hui qu'un
seul, cette coalition les appelle à jouir des avantages qui appartiennent aux grands états, la réunion
de leurs forces pour leur défense, la communication de leurs productions, la réciprocité des secours
dans les calamités qui affligent l'un deux, surtout
la cessation de ces guerres intestines qui ont fait
couler tant de sang Tunkinois et Cochinchinois.

(11) L'absurde antipathie, qui long-temps a
divisé deux nations, ayant la même origine, et
qui même au milieu de la paix a entretenu des
sentimens et des dispositions hostiles; cette antipathie doit cesser, actuellement que les principaux personnages de ces deux nations se trouvent réunis à la cour d'un même souverain, que
les habitans des deux pays sont employés dans l'un
et l'autre état, servent dans les mêmes corps, et que
l'opposition d'intérêts qui alimentait ces haines
est anéantie. Il est possible pourtant que les dis-
sentions soyent ranimées par le parti qu'a pris
l'empereur d'habiter la Cochinchine plutôt que le
Tunkin, par quelques préférences pour les Cochinchinois ses anciens sujets, par l'augmentation des contributions, par le projet de choisir
pour son successeur un de ses fils au préjudice
des enfans issus du fils qu'il avait déclaré son
héritier, dispositions dont nous avons fait sentir
les conséquences; cependant elles peuvent être

considérés comme n'étant que des nuages, que doivent dissiper ou contenir la grande renommée d'un empereur célèbre par ses victoires, la sagesse d'un prince expert dans l'art du gouvernement, l'excellente tenue d'une armée nombreuse, disciplinée, obéissante.

(12) Le Tunkin peut aussi se flatter d'être encore long-temps préservé des guerres extérieures. Il n'a point à craindre les souverains de la presqu'île, où il est situé, parce qu'il est beaucoup plus puissant qu'aucun d'eux ; la Chine, seule puissance qu'il ait à redouter, ne peut l'attaquer sans traverser des déserts qui rendent l'attaque difficile, et la défense aisée ; il a des places fortifiées suivant la méthode Européenne, et que, dans ces contrées, on ne sait point assiéger ; sa tactique, et sa constitution militaire sont fort supérieures à elles de la Chine ; la plus grande partie de ses côtes est naturellement défendue par des bas fonds, qui en interdisent l'approche aux grands bâtimens ; l'entrée des fleuves, accessibles à ces grands bâtimens, peut être facilement obstruée par des batteries de terre ; et, depuis nombre d'années, la marine militaire des Chinois est si faible, qu'elle a peine à résister aux pirates. Le maintien de la paix serait encore plus assuré, si le nouveau souverain du Tunkin n'avait pas pris ouvertement le titre d'empereur, et manifesté le dessein de se soustraire à la suprématie de la Chine ;

mais si une guerre s'engage, il ne paraît pas, d'après les moyens de force dont le Tunkin est en possession, qu'il doive sortir de cette guerre avec désavantage.

(13) A l'abri des guerres offensives, le Tunkin n'a point intérêt à en entreprendre. Ces guerres, quoiqu'injustes, peuvent être conseillées par la politique, quand elles tendent à mettre un état en sûreté; mais quand cette sûreté est acquise, s'agrandir n'est point un avantage, et peut être un malheur. Actuellement l'empereur du Tunkin a des états qui ont une juste consistance, d'autant que la circonscription en est marquée par des limites naturelles; des chaînes de montagnes les séparent des royaumes de Siam, et du Pégu; des déserts qui sont la fortification des empires, comme des fossés et des murailles sont la fortification des villes, les séparent de la Chine; et les extensions au delà de ces limites, seraient des possessions, dont la défense serait dispendieuse et pénible, et la conservation difficile, et donnerait lieu à nombre de différens. Mais si l'empeur actuel, par la sagesse de ses vues, adopte ces principes de modération, peut-on présumer qu'ils soyent constamment suivis par ses successeurs, et qu'il ne s'en trouve point parmi eux quelqu'un avide de gloire militaire et de conquêtes, genre d'ivresse auquel est si sujette la jeunesse des rois, et qui est excitée par l'admiration

des peuples, qui partageant la démence de leurs chefs, applaudissent à des égaremens, qu'ils payent de leur sang ?

(14) Que si le Tunkin est assez sage et assez heureux, pour se maintenir en état de paix, état dont peut l'assurer sa consistence, et auquel il est appelé par son intérêt justement apprécié, il ne doit pas tarder à recevoir un grand perfectionnement; car la guerre par des violences empêche les progrès de la civilisation, et l'altère quand on y est parvenu. D'ailleurs, la communication entre les peuples actuellement sujets d'un même souverain étant libre, ceux d'entre eux qui sont encore dans l'état sauvage, doivent se rapprocher des mœurs des peuples plus civilisés, s'instruire de leurs arts, prendre goût aux avantages de la vie sociale.

(15) Combien d'heureux effets doivent résulter de la protection accordée à l'étude, de la création d'écoles publiques, de l'emploi de la puissance souveraine pour contraindre l'enfance à l'instruction, des prérogatives éminentes concédées à la science! Qui pourrait dénombrer tous les avantages qu'on peut attendre de l'accroissement, de l'intelligence nationale! Dans les arts, la théorie dirigeant l'industrie, dans les sciences la sphère des idées étendue, dans la morale les formalités et les cérémonies n'usurpant plus le respect qui n'est dû qu'à la vertu, dans la religion la supers-

tition disparaissant, dans le gouvernement plus de justice, car il est impossible qu'un peuple éclairé soit long-temps sous le joug d'un gouvernement oppresseur; il faut qu'un tel gouvernement abrutisse ses sujets, ou que les sujets soyent mis en possession des droits, qu'ils sont en état d'apprécier.

(16) Comme le commerce est le point de vue principal, et presque unique, sous lequel les Européens considèrent les états de l'Inde, il nous faut examiner avec une attention particulière toutes les relations qui peuvent être établies avec le Tunkin; et d'abord nous observerons, que si ce commerce avait toute l'extension dont il est susceptible, il n'en est peut-être aucun de ceux que font les les Européens au delà du cap de Bonne Espérance, qui fût plus avantageux; la preuve en est dans son analogie avec le commerce de la Chine, qu'on tient pour celui dont la compagnie des Indes Anglaise retire un profit plus réel; on estime qu'elle y employe 3000 hommes de mer, et 20,000 tonneaux; et que le fisc Britannique en retire 72 millions tournois.

Ce commerce avec le Tunkin a plusieurs des avantages de celui de la Chine, et en a qui lui sont particuliers. Si l'art de préparer le thé pour les envois en Europe, et l'attention de mettre dans le fond des caisses, des feuilles odoriférantes, qui communiquent à cette plante leur goût, leur

odeur, leur sève, et quelques autres soins et ar-
tifices étaient pratiqués dans le Tunkin ; on
estime que son thé pouvait entrer en concurrence
avec celui de Chine. Le Tunkin a, comme la
Chine, les matières premières de la porcelaine, il
ne lui manque que des ouvriers. Plusieurs autres
denrées ou marchandises peuvent être livrées avec
égalité ou même supériorité de qualité, et à beaucoup plus bas prix. Communément le sucre ne se
vend dans le Tunkin que deux sols et quelques
deniers la livre ; le riz, temps ordinaire, six deniers : et comme le riz est l'aliment général de
la nation, le bas prix de cette denrée influe sur
le bas prix de toute la main-d'œuvre, et des
ouvrages d'industrie. Il est aussi quelques ouvrages, tels que les étoffes unies, en coton et en
soyerie, dont la fabrique est supérieure à celle de
la Chine. De plus, le Tunkin étant à une moins
grande distance de l'Europe, rend la navigation
moins longue et moins dispendieuse, et offre une
relâche dans le voyage de la Chine. Que si la
Chine supprimait ses relations avec l'Europe, ce
dont on a été menacé plus d'une fois, le Tunkin fournirait un dédomagement d'un grand intérêt.

(17) Si le Tunkin se livrait au commerce extérieur, l'exportation donnerait une valeur à beaucoup de productions territoriales, qui par leur
surabondance restent sans consommateurs, tandis

que dans d'autres pays elles sont chèrement payées. L'indigo si recherché, si nécessaire pour les fabriques Européennes dans ce pays ne trouve point d'acheteurs ; combien d'autres productions qu'on s'abstient de cultiver seraient multipliées, et fourniraient à l'Europe une grande addition de jouissances, des alimens plus agréables, des boissons plus saines, des marchandises préférables à celles qu'on tire actuellement d'Asie ? Quelle quantité d'or on pourrait extraire de ce pays, si le gouvernement pouvait être engagé à en exploiter les mines, et si leur richesse répondait aux espérances que font concevoir les morceaux de minéraux sortis des montagnes ? Ce serait un avantage encore plus réel de tirer parti des superbes bois de construction que possède ce pays, et quant aux objets qui ne trouveraient point d'acheteurs en Europe, ou qui n'y peuvent être transportés avec un profit suffisant pour couvrir un fret dispendieux, ils pourraient être vendus avantageusement dans quelques parties de l'Inde.

Enfin, un avantage qu'on pourrait retirer de ces relations commerciales, et qui n'est pas le moins réel, serait d'extraire de ce pays des hommes, pour en peupler les établissemens Européens dans l'Inde ; c'est ainsi qu'en ont usé en Chine les Espagnols, les Anglais, les Hollandais ; et si cette extraction des nationaux est une fraude, c'est une des plus excusables, puis qu'elle tend à améliorer le sort des hommes, et à contenir par la crainte de cette émigration la tyrannie des gouvernemens.

(18) La perspective de l'importation est moins brillante; cependant elle offre le débouché d'un grand nombre de marchandises, soufre, plomb, fer-blanc, quincaillerie, verrerie, miroiterie; il en serait de même de l'horlogerie, pourvu qu'il s'établit dans ce pays des ouvriers en état d'en raccommoder les ouvrages, qui, par la température, se gâtent en peu de temps. Quoique ce pays possède un assez grand nombre de drogues, propres à la pharmacie, il en est quelques-unes qui lui manquent, singulièrement le thériaque, drogue requise pour la cure de maladies communes dans ces contrées. En fait d'étoffes, on ne peut se flatter d'introduire une grande quantité de draps, d'autant que la chaleur habituelle fait préférer la soye et le coton, qu'on obtient même à un très-bas prix; mais seulement quelques pièces de draps écarlates pour les sandales. Les tricots de laine pour habits seraient vraisemblablement aussi accueillis, parce qu'ils forment des vêtemens moins chauds, et qui n'étant point encore connus auraient l'attrait de la nouveauté. Les étoffes de soye à fleurs de diverses couleurs, que l'Europe travaille et nuance avec un goût et une élégance supérieure; feraient disparaître celles im-

portées jusqu'à ce jour; les toiles peintes que l'Europe fabrique à l'imitation de celles de l'Inde et de Perse, pourraient, dans certains genres, en soutenir la concurrence; on pourrait encore importer quelques instrumens de musique, dont on fait usage par un simple mouvement mécanique sans aucun art; les pierres d'aimant, et les boussoles trouveraient un grand débit, parce qu'on peut présumer qu'un long temps ne se passera pas, sans qu'on en fasse usage pour la navigation; mais quand on se bornerait comme à présent à ne les voir que comme des curiosités et des joujoux scientifiques, ces marchandises trouveraient encore beaucoup d'acheteurs. On peut même, malgré le bas prix de la main-d'œuvre dans ce pays, y introduire des marchandises du même genre, que celles du pays, parce que par le perfectionnement des machines, et la simplification des procédés, l'Européen peut fabriquer à un prix plus faible, que la main-d'œuvre la moins dispendieuse. Que si ce pays prenait le goût des productions des beaux arts, et des brillantes superfluités, goût dont il ne paraît pas fort éloigné; comme l'Europe seule pourrait y pourvoir, il serait possible que cet objet d'importation devint très-considérable. La marchandise dont le débit est le plus assuré, et pourrait le plus s'accroître, est celle des armes, dont la fabrique Européenne est fort supérieure à toute autre; mais l'humanité répugne à multiplier les moyens de destruction, et la prudence avertit que ces armes peuvent être employées contre ceux qui les auront fournies.

(19) Cette exposition des avantages que l'Europe peut tirer de ses relations avec le Tunkin, offre de grands motifs pour que l'Europe recherche ces relations, mais non pour que le Tunkin les admette. Le commerce intérieur entre dans l'essence de tout état; mais il n'en est pas de même du commerce extérieur; celui-ci est indispensablement nécessaire à toute nation, qui n'a pas dans son sein des moyens de subsistances suffisans, il est avantageux pour celles qui manquent d'objets utiles, qu'elles peuvent acquérir par l'échange d'objets superflus; il est encore intéressant pour des états, qui n'ayant pas suffisamment d'occupation à donner à leurs citoyens, leur fournissent un emploi, en les rendant agens du commerce par la navigation; mais il est des nations qui pourvues de tout ce qui leur est nécessaire ou réellement utile, et n'ayant à attendre de l'étranger que des superfluités, peuvent craindre l'introduction d'un nouveau genre de luxe, et la création de besoins imaginaires, ou se défier de projets ambitieux mêlés avec des vues de commerce. Telle est la situation de nombre d'états Asiatiques, et telle est celle du Tunkin.

(20) D'abord il n'est pas présumable que l'em..

pereur permette à ses sujets de faire par eux mêmes le commerce extérieur, de se livrer à une navigation de long cours, et de fréquenter des ports étrangers; car c'est un principe adopté par plusieurs des gouvernemens de l'Asie, et rigoureusement suivi dans le Tunkin, de défendre aux nationaux de sortir du territoire de l'état, et cette prohibition n'est pas seulement une vexation d'un tyran, qui voyant dans ses sujets une propriété du trône, s'assure tous les moyens de la conserver; c'est une conséquence d'un despotisme rigoureux, qui ne doit point permettre qu'on aille dans d'autres pays apercevoir quelles sont les justes limites de la puissance, et prendre par l'exemple une énergie de sentiment incompatible avec une extrême sujétion.

(21) D'ailleurs tout gouvernement sage suit dans l'emploi de ces sujets, un ordre tel, qu'avant tout, et autant que le permet la nature du sol, il les donne à l'agriculture pour assurer sa subsistance par le produit territorial, et son indépendance de l'étranger; ensuite viennent les arts mécaniques dont plusieurs s'identifient avec les opérations de l'agriculture, et qui tous donnent une addition de valeur aux substances que fournit le sol; ce n'est qu'après qu'il ne manque plus d'hommes aux charrues et aux manufactures, qu'on doit en placer dans les navires; mais le Tunkin a encore des déserts à défricher et à peu-

pler, des animaux féroces à détruire, nombre d'arts essentiels lui manquent, et ceux qu'il professe sont imparfaits.

(22) Lors même que la culture et les arts sont portés à un certain degré de perfection, ce peut être au moins pour quelques nations un problème de savoir, si elles doivent se livrer à la navigation? Le marin tient moins à sa patrie et à sa famille, que toute autre classe de citoyens. La mer est un élément dont la fréquentation opère une grande consommation d'hommes; cet élément n'étant pas, comme la terre, susceptible d'une démarcation précise de propriété, la marine commerçante exige l'assistance et la protection d'une marine militaire, dont l'entretien est dispendieux; la concurrence avec les autres nations dans le commerce maritime, entraîne des différens et des guerres dont la dépense absorbe presque toujours les profits du commerce; profits toujours trop payés, lorsqu'ils le sont par du sang humain. Quand le sage Washington, en abdiquant ses fonctions politiques, a donné à ses compatriotes le conseil de s'abstenir de naviguer, il semble n'avoir pas seulement parlé à sa patrie, mais à tout peuple en état de pourvoir par lui-même à ses besoins réels.

(23) Non-seulement il est possible que le souverain du Tunkin ne soit pas disposé à permettre à ses sujets de se livrer par eux-mêmes au

commerce extérieur; mais il n'est pas sans vraisemblance qu'il ait répugnance à admettre les
Européens dans ses ports. Les leur fermer est
un principe d'administration, qui, depuis quelque
temps, semble constitutionnel, et il est difficile
qu'il y renonce quand il voit que les Européens
ne se sont établis en Amérique, qu'en exterminant
la plus grande partie des habitans; qu'ils ne se
sont insinués dans les états du Mogol, que pour
le détrôner et le tenir captif sur son trône; que la
Chine après les avoir acueillis favorablement, a
été forcée de les traiter avec rigueur; que, dans le
Japon, ils ont excité les chrétiens nationanx à la
révolte, et ont été sur le point de détrôner le souverain; qu'artificieusement ou violemment, ils ont
usurpé la souveraineté de plusieurs grandes îsles à
peu de distance du Tunkin; que, dans ce pays
même, on a été forcé de les chasser comme dangereux et odieux.

(24) Que l'empereur actuel, lorsqu'il n'était
que roi de Cochinchine, ait traité avec les Européens, qu'il leur ait concédé un établissement
important dans ses états lorsqu'il en était expulsé,
sa situation et l'importance dont il était pour lui
d'obtenir des secours font connaître les motifs de
sa détermination; mais depuis son rétablissement
sur son trône, depuis qu'il a pris possession de
celui du Tunkin, le refus fait aux Anglais d'ouvrir avec eux des relations de commerce peut

faire présumer quels principes il adopte, et ce qu'on peut en attendre.

(25) Qu'on suppose que l'empereur actuel, un des plus grands princes qui jamais ait porté la couronne en Asie, s'élève au dessus des préjugés nationaux, adopte des principes nouveaux, brave les dangers de l'admission des Européens, et leur donne un accès et des relations assurées par la réforme de son administration, doit-on s'attendre que les successeurs de ce prince suivront ses erremens, et leur donneront la préférence sur d'anciens usages, dont la puissance est si grande dans ce pays; et qu'on voye se maintenir un régime qui ne peut subsister que par une continuité de mesures audacieuses et sages? Dans quel pays, le génie, le courage et la prudence sont-ils des qualités héréditaires sur le trône?

(26) Quel grand intérêt peut déterminer le Tunkin à entrer dans une carrière si périlleuse, puisqu'il n'a point de besoins réels et essentiels auxquels il ne puisse subvenir par lui-même, et qu'il n'a à demander à l'étranger que des superfluités, et des munitions de guerre. S'il est sagement régi, il doit s'abstenir d'un vain luxe, et d'après la consistance qu'il a acquis, il peut éviter la guerre, et peut la soutenir sans aucun secours étranger; aujourd'hui qu'il est initié dans les principes militaires, il peut améliorer la constitution de son armée, perfectionner la confection de

la poudre à canon, et de ses armes dont il a des matières premières d'une excellente qualité, et pour les munitions maritimes qui sont défectueuses, singulièrement la voilure, elles ne le sont pas plus que celles des états voisins, et tant que le Tunkinois concentrera sa navigation dans ses ports, ses munitions maritimes, malgré leur défectuosité, pourront lui suffire ; que si pour cet objet il a recours à l'étranger, son commerce extérieur peut être circonscrit dans d'étroites limites, et encore il peut, en multipliant et en perfectionnant la culture du chanvre, pourvoir au déficit le plus essentiel de sa marine.

(27) Malgré tant d'obstacles à l'établissement, et à la stabilité d'un grand commerce Européen dans le Tunkin, on peut présumer qu'un long temps ne se passera pas sans qu'il s'introduise dans ce pays, non un commerce ouvert, tel qu'il existe entre les puissances Européennes, mais un commerce à peu près tel, que l'admettent la Chine et le Japon. Le souverain du Tunkin étant aujourd'hui assez puissant pour contenir les Européens dans une juste dépendance, il est assez naturel qu'il conçoive le désir de partager les avantages et l'augmentation de revenu que les puissances voisines retirent de leur régime ; et la Cochinchine, qui, avant les troubles et les guerres civiles qui l'ont déchirée, était familiarisée avec le pavillon Européen, doit par la co-existence poli-

tique, où elle est maintenant avec le Tunkin, l'amener à des relations commerciales qui sont séduisantes, lors même qu'elles ne sont pas réellement utiles.

(28) Si le commerce extérieur a lieu par l'étranger, le régime qui sera adopté, semble tracé par celui suivi dans les principaux états, qui ont des côtes sur la mer du Sud. La Chine reçoit l'Européen dans le port de Canton, mais lui ferme l'entrée du reste de ses états; et encore à Canton il n'est admis qu'avec une défiance injurieuse. Concentré dans un des quartiers de la ville, il ne peut en sortir ni passer certaines limites, sans être en danger d'être insulté et maltraité. Dans le quartier qui lui est assigné, il ne peut acquérir aucune propriété foncière, pas même une maison d'habitation; il est obligé de vendre à crédit, et de payer comptant ses achats; et dès que le temps destiné à la vente est passé, il faut qu'il sorte de la ville et se retire dans la presqu'île de Macao, où le Portugais sous l'apparence d'une supériorité territoriale, est réellement dans la dépendance d'un mandarin Chinois.

Au Japon, l'Européen est traité avec une plus grande dureté encore, et est assujéti à des humiliations, que l'avidité du gain peut seule faire supporter; dès qu'il arrive, son navire est désarmé; on en ôte même le gouvernail; le capitaine est conduit dans une enceinte, qui forme une espèce de prison, et là sans pouvoir en sortir, il conclud ses marchés.

Par les mêmes motifs, pour lesquels les gouvernemens restreignent si sévèrement dans leur territoire, l'accès des Européens, ils cherchent à les dégrader, et même à les diffamer dans l'opinion nationale; ils les répresentent comme des vagabonds inquiets, insensés, méprisables, qui pouvant dans leur patrie, par la culture du sol, et par l'industrie obtenir les biens les plus désirables, courent à travers mille dangers, et avec des peines incroyables, chercher ce qui ne leur est pas nécessaire, et qu'ils n'obtiennent qu'en se soumettant aux traitemens les plus ignominieux.

(29) Quels que soient les principes, et quel que soit la défiance, il n'est pas impossible qu'il soit fait au commerce Européen de grandes concessions; le Tunkin peut y être entraîné par quelque crise qui compromette sa sûreté, une guerre malheureuse contre la Chine, le trône ébranlé par des révoltes, un prince expulsé de ses états comme il est arrivé en Cochinchine; et quand une puissance Européenne pour prix des secours qu'elle donnera, n'obtiendrait qu'une simple concession de commerce, il est possible qu'avant peu de temps cette concession dégénère en une propriété territoriale, et qu'ensuite ce droit de propriété prenne un caractère de souveraineté. Telle a été la fon-

dation des plus grands établissemens de commerce en Asie.

(30) Quand même les plus grands avantages seraient concédés au commerce Européen, de grands obstacles s'opposeraient à son extension et à sa prospérité, tant que la forme du gouvernement subsistera. Ce gouvernement étant essentiellement despotique et militaire, les honneurs, les dignités, et tout genre de pré-éminence sont nécessairement et exclusivement les prérogatives des fonctionnaires publics ; et même le moindre de ces fonctionnaires s'estime fort supérieur aux premiers négocians ; qui pourtant sont des citoyens d'une haute importance, et d'une grande utilité, puisqu'en s'enrichissant ils enrichissent leur patrie. Tant que cette opinion subsistera, dès qu'un commerçant aura acquis quelque fortune, ses enfans désirant d'y joindre des honneurs, dédaigneront la profession de leur père, qui ne sera plus que le partage d'hommes sans biens.

(31) Le commerce trouve encore d'autres entraves dans les vices du régime actuel du Tunkin ; la pauvreté des commerçans dont presque aucun n'a une fortune de plus de 20,000 tournois de capital, et encore moins un crédit suffisant pour des entreprises de quelque importance ; la nécessité dans laquelle ils sont de demander aux étrangers dont ils achètent les marchandises un délai suffisant pour payer leurs achats avec le prix de la re-

vente; une administration de la justice lente et dispendieuse; l'exécution des transactions n'étant point suffisamment assurée; non-seulement l'empereur, mais les mandarins s'attribuant un droit de préférence dans les achats; l'obligation de n'aborder un supérieur qu'en lui faisant des présens; nombre d'autres institutions ou usages injustes et pernicieux.

(32) Comme l'exportation du Tunkin consiste principalement en productions du sol, et l'importation en ouvrages de main-d'oeuvre, les relations commerciales avec ce pays doivent surtout être recherchées par les nations Européennes qui attachent un grand prix à ces productions, et par les nations manufacturières; et selon que le Tunkin se livrera au luxe, ou se bornera à des jouissances plus réelles, diverses nations suivant le genre de leurs manufactures, doivent obtenir la préférence dans cet approvisionnement. Mais avec quelque sagacité, avec quelque industrie que soit dirigé ce commerce, à moins de grands changemens que rien encore n'annonce, on ne peut présumer d'après le peu de besoins qu'a ce pays, et les grandes valeurs qu'il peut fournir, que l'importation balance l'exportation, il en sera comme du commerce en Chine d'où ne reviennent point les dollars qui y sont importés; peut-être cependant serait-il possible de remplir ce déficit, en joignant dans l'impor-

tation des marchandises de l'Inde à celles d'Europe.

(33) Quel que soit dans quelques opinions le discrédit des compagnies de commerce, quelques contradictions qu'ait éprouvées leur existence, et de quelques objections qu'elle soit susceptible; il paraît que les nations, qui entreprendront le commerce du Tunkin, doivent l'assujétir à cette forme; d'abord parce que la grande distance étant un obstacle à une notion exacte de la situation, et des besoins du pays, les envois, s'ils ne sont pas concertés, peuvent se nuire par la surabondance des mêmes objets d'importation; d'ailleurs il est avantageux dans le commerce avec une nation, qui n'y est pas habituée, de ne présenter qu'un vendeur, ce qui hausse le prix de la vente, et empêche le rabais que produit la concurrence; et par un effet contraire en ne présentant qu'un acheteur, on fait la loi aux vendeurs; de plus, ce genre de commerce exigeant de grandes avances, il est expédient que les pertes auxquelles expose le défaut de payement soyent partagées. Comme il n'y a point dans ce pays de commerçans riches et solvables, en qui on puisse prendre confiance, et comme les poursuites judiciaires ont besoin d'y être étayées par le crédit et par la force, un corps peut mieux qu'un particulier se soustraire aux vexations, et faire valoir ses droits; enfin

par le régime politique de l'Inde, les commerçans d'une nation étant responsables de l'inconduite de l'un d'entr'eux, il est également juste et sage qu'une confédération nationale choisisse les agens dont elle est obligée de répondre.

(34) Tel est l'aspect sous lequel se présente le commerce éventuel du Tunkin, jugé d'après les opinions reçues; mais cet aspect pourrait être très-différend, si l'on sondait l'utilité réelle des relations avec l'Asie; et si l'on mettait en question ce que jusqu'à présent on a recherché, sans en juger la nécessité ni la valeur; si l'on examinait si le thé, objet principal des exportations de la Chine, est une liqueur bien saine, si elle ne peut pas être suppléée même avec avantage par beaucoup de plantes Européennes; si les épiceries nécessaires pour donner aux alimens un goût relevé, qui convient à l'organisation de l'homme dans la zone torride, sont également convenables dans la zone tempérée; si presque toutes les drogues nécessaires à la pharmacie, ne peuvent pas être tirées du Levant ou de l'Amérique, pays beaucoup moins éloignés; si depuis que l'Europe a appris qu'elle possédait les matières premières de la porcelaine, et depuis qu'elle en a formé nombre de manufactures, elle n'est pas aujourd'hui en état d'en fabriquer, même à égalité de prix, de plus belle et de plus solide, que celle que fabrique la Chine, ou qui pourrait être

fabriquée au Tunkin; si l'Europe par la plantation des mûriers et l'éducation des vers à soie peut aujourd'hui fournir par elle-même à son approvisionnement quand il ne sera pas exagéré par le luxe; si la laine n'est pas préférable à la soie pour le vêtement, si des vêtemens de cette étoffe en rendant des hommes moins propres à de grands travaux, et à supporter la pluie et les intempéries, ne tendent pas à les féminiser (ainsi le pensait le Duc de Sully); si la plupart des matières premières des manufactures, singulièrement le coton, dont sont formés les vêtemens les plus économiques, ne peuvent pas être tirées des Indes occidentales, et des colonies Européennes, auxquelles leurs métropoles doivent la préférence; s'il n'est pas possible par le perfectionnement des procédés mécaniques de fabriquer presque toutes les étoffes à un prix plus bas que ne le peut faire la main-d'œuvre la moins dispendieuse; et sans porter plus loin cette énumération, peut-être peut-il paraître problématique, si l'Europe dans plusieurs de ses spéculations sur le commerce de l'Inde, ne prend pas des goûts, des fantaisies, des frivolités pour des besoins. Mais quel que soit la vérité ou l'illusion de ces opinions, on est loin aujourd'hui de renoncer au système commercial adopté; et tant qu'il subsistera, les relations de l'Europe avec le Tunkin seront du plus grand intérêt.

(35) Le sort futur du Tunkin étant considéré, non seulement par rapport au commerce, mais sous des rapports généraux, et jugé d'après ce qui doit avoir le plus d'influence sur ses destinées, on doit en concevoir une opinion favorable. Il est probable que ce pays prospérera sous le gouvernement d'un prince, qui doit tout à son courage, à sa fermeté dans les situations les plus désespérées, à sa supériorité dans l'art de la guerre, à sa politique; au grand art des souverains, l'art de gouverner les hommes; prince qui ne laissera rien à désirer en lui, s'il résiste aux faveurs de la fortune, comme il a résisté à ses revers, et s'il persiste à être tel qu'il a été. Un des plus grands bonheurs pour un état despotique, est qu'un grand homme soit sur le trône, par la prérogative du génie investi du pouvoir, un tel monarque élève ses sujets jusqu'à lui, et crée des hommes à son image.

(36) Que si sans nous arrêter à la sphère étroite d'un avenir prochain, nous embrassons par la pensée un vaste espace de temps, où les années ne paraissent que comme des jours, et les siècles comme des années; ces spéculations donnent par leur grande dimension des résultats plus certains; car les impulsions qui tiennent à la nature des choses quoiqu'elles puissent être suspendues temporairement par des faits accidentels plus ou moins puissans, et plus ou moins durables, pro-

duisent enfin par la constance de leur action
les effets qui leur appartiennent essentiellement.
Le sort du Tunkin ainsi vu doit faire concevoir
les plus grandes espérances, non-seulement comme
nous l'avons observé, par sa participation au sort
général de l'espèce humaine, dont tout annonce
l'amélioration future, non-seulement par des particularités indémiques, non-seulement par les circonstances favorables qui se présentent, mais
même par presque toutes les chances des événemens qu'on peut prévoir, même par les événemens
qui peuvent paraître le plus à craindre ; car quand
on supposerait que les Européens, dont la force
maritime et guerrière augmente sans cesse, par-
viendraient à s'emparer de la presqu'île de l'Inde au delà du Gange ; comme ils se sont emparés
d'une grande partie de l'autre presqu'île et de
l'Indostan ; cette conquête qui serait probable-
ment marquée par une grande effusion de sang,
et par de grandes calamités, formerait, après
que la domination Européenne serait établie,
un changement dont le peuple subjugué aurait à se féliciter ; car c'est un avantage de
vivre sous un gouvernement assez éclairé, pour
savoir que son intérêt est lié avec l'intérêt de
ses sujets, et que même sans consulter la moralité,
il doit assurer les propriétés, protéger et faire fleurir l'industrie, préserver des vexations si communes
en Asie. On en voit un grand exemple dans la

partie de l'Inde soumise aujourd'hui aux Européens; l'espèce humaine y jouit d'un meilleur sort, que dans les pays où les indigènes sont restés sous la domination de leurs souverains originaires; et dans l'Indostan, malgré l'amour de la patrie et les préjugés, il s'opère émigration pour les pays soumis à la domination Britannique, et il n'y a point d'émigration dans un sens contraire. Ainsi dans presque toutes les suppositions même celles de convulsions qu'il est impossible de prévoir et d'apprécier, tout nous permet d'espérer pour le Tunkin un ordre de choses avantageux, et c'est une satisfaction pour nous de pouvoir terminer nos observations par cette perspective consolante.

PIÈCES RELATIVES

AU

TUNKIN, etc.

BREVET

Du Roi de Cochinchine, par lequel il constitue son Fils Héritier de ses Etats et Lieutenant-Général de son Royaume *.

COMME le Ciel a ses différens périodes, ainsi les pères ont des enfans qui doivent leur succéder. Quand le ciel a compté la période *Nguon*, (de 129,600 ans), on en conclut qu'il est constant et invariable dans ses révolutions.

Tout tronc a ses branches, comme les grands fleuves ont des ruisseaux qui en dérivent; plus ses ruisseaux sont profonds, plus ils sont éloignés de la source; ainsi les rois sages et les saints empereurs, même au sein de la paix, n'ont jamais négligé de se donner des successeurs. Nous, aujourd'hui, au milieu des troubles d'une longue guerre, pourrions-nous ne pas nous en occuper? Considérant que vous *Canh* êtes l'héritier légitime de la famille *Nguy-en-Chung*, et que vous avez droit à la succession de ce royaume. Nous vous recommandons l'étude du gouvernement et de la science nécessaire à un prince. Consultez les sages, et faites en sorte de les avoir à vos côtés. Suivez les préceptes et la doctrine des anciens. Ecoutez les avis de vos gouverneurs et institu-

---

* Ce brevet est de l'année 1793.

teurs. Quoique vous soyez encore dans un âge tendre, vous avez assez de connaissances pour distinguer le bien de ce qui ne l'est pas, faisant attention à tous les dangers que vous avez courus, et qu'il ne vous est arrivé aucun accident; nous croyons que le ciel a des vues sur vous; et la raison se trouve en cela conforme à l'événement. En conséquence nous vous établissons l'héritier de notre couronne, et vous en remettons le sceau d'argent, quant au commandement général des troupes, nous nous en chargerons; mais aussitôt que nous serons partis pour la guerre, tous les soldats qui resteront, et tout ce qui pourra avoir rapport au gouvernement de l'état sera entièrement sous votre autorité. Tâchez de vous conformer en tout aux désirs du peuple, et que vos vertus ne démentent pas la lumière de l'étoile qui doit marquer le prince héritier; que ce siècle et le peuple actuellement existent, jouissent du bonheur de la dynastie des *Han**. Semblable à l'hirondelle qui couvre ses petits de ses ailes, je vous adresse ces paroles plus claires que le soleil et la lune. Puissiez-vous être assez heureux pour rendre votre dynastie aussi durable que le ciel et la terre; et la prolonger jusqu'à dix mille générations.

La 54ème année de *Canh-hung*, le 21ème jour de la 3ème Lune.

---

* Famille impériale célèbre en Chine.

BREVET D'INSPECTEUR DES COLLEGES.

Ce Brevet confère à celui à qui il est accordé la qualité de Mandarin.

Gia-laong première année, onzième Lune, le dix-sept.

Le Grand Conseil permet que le pasteur d'âmes nommé le précieux, soit inspecteur de colléges. De plus, parce qu'il a demandé au roi* la permission d'aller dans toutes les provinces du royaume Anamite comme envoyé du roi; et qu'il est sincere; le grand conseil lui donne permission d'avoir sept hommes pour son service intime, et dix hommes de peine *. Soit qu'il veuille aller par terre ou par eau, le roi le lui permet, et de porter des armes pour sa sûreté, et dans chaque province il montrera le présent brevêt au gouverneur d'icelle.

Le cachet est apposé, et il contient la légende. Grand conseil, royaume Anamite.

---

* Gia-long n'avait point encore pris le titre d'empereur.

† Les dix-sept hommes employés à ce service sont exempts de corvées.

MANIFESTE

De Quang Trung, Roi de la Cour de Cochinchine et du Tunkin.

A Tous les Mandarins, Soldats, et Peuples des Provinces de *Quang-Ngai*, et de *Qui-Nhon*.

Vous tous grands et petits, depuis plus de 20 ans ne cessez de subsister par nos bienfaits, nous frères (*Tay-son*), il est vrai que pendant tout ce temps, si nous avons remporté des victoires dans le nord et dans le sud, nous reconnaissons que nous les devons à l'attachement des peuples de ces deux provinces. C'est-là où nous avons trouvé des hommes courageux et des mandarins capables pour former notre cour. Partout où nous avons porté nos armes, nos ennemis, ont été défaits ou dispersés ; partout où nous avons porté nos conquêtes, les Siamois et les cruels Chinois ont été obligés de subir le joug . . . . . Quant aux restes impurs de l'ancienne cour, depuis plus 30 ans avons-nous jamais vu qu'ils eussent rien fait de bien !...Dans cent combats que nous leur avons livrés, leurs soldats ont été dispersés, leurs généraux mis à mort, la province de *Gia-Dinh* a été remplie de leurs ossemens. Ce que nous disons ici, vous en avez été les témoins, et si vous ne l'avez vu de vos propres yeux, au moins l'avez-vous entendu de vos oreilles, quel cas faire de ce misérable Chung (Roi actuellement regnant) qui s'est enfoui dans les malheureux royaumes d'Europe ? Quant au peuple timide de *Gia-Dinh*, qui ose aujourd'hui se mettre en mouvement, et lever une armée, pourquoi les craignez-vous tant? Pourquoi votre cœur est-il saisi d'effroi ? Si leur armée de terre et de mer s'est présentée dans tous vos ports, et s'en est emparée dans un temps où vous ne vous y attendiez pas, le grand empereur nous en a déjà fait connaître les raisons par lettres; et nous avons vu que les mandarins, les soldats et vous tous dans ces deux provinces, n'aviez pas eu le courage de combattre, et que c'est par cette raison plutôt que par leurs talens qu'ils s'étaient emparés de tous les endroits qui sont aujourd'hui en leur possession. Votre armée de terre, s'est enfuie lâchement. Maintenant, par l'ordre de notre frère l'empereur, nous préparons nous-mêmes une armée formidable par terre et par mer, et nous allons réduire les ennemis de notre nom avec la même facilité que nous froisserions un morceau de bois pourri ou du bois sec. Quant à vous tous, ne faites aucun cas de ces ennemis ; ne les craignez point ; mais seulement ouvrez les yeux et les oreilles pour voir et entendre ce que nous allons faire. Vous verrez que les provinces de *Binh Khang* et de *Nha Trang* qui ne sont que des débris de *Gra-dinh*, que la province de *Phu-*

T 2

yen qui a toujours été le centre de la guerre, et qu'enfin depuis la province de *Binh-Thuan*, jusqu'au Camboge, toutes d'un seul coup vont rentrer sous notre puissance; afin que tout le monde sache que nous sommes véritablement frères, et que nous n'avons jamais pu oublier que nous étions du même sang. Nous vous exhortons tous, grands et petits, de soutenir la famille de l'empereur et de lui rester fidèlement attachés, en attendant que notre armée purifie la province de Gia-dinh et y établisse notre autorité; et les noms de vos deux provinces seront immortels dans nos annales. Ne soyez pas assez crédules pour ajouter foi à ce qu'on dit des Européens. Quelle habileté peut avoir cette espèce d'hommes? Ils ont tous des yeux de serpens verds, et vous ne devez les regarder que comme des cadavres flottans qui nous sont jettés ici par les mers du nord. Qu'y a-t-il là d'extraordinaire pour venir nous parler de vaisseaux de *cuivre*, et de ballons? Tous les villages qui se trouvent sur les chemins dans vos deux provinces auront soin de faire partout des ponts, afin de faciliter le passage de nos troupes. Aussitôt que cet ordre vous parviendra, vous aurez soin de vous y conformer. Recevez avec respect ce manifeste; car tel est notre bon plaisir.

Le 10ème jour de la 7ème Lune, de la 5ème année de *Quang Trung*.

Force Militaire du Roi de Cochinchine quand il combattait pour sa Restauration dans ses Etats.

Généraux.	Régimens.	Battaillons.	Nombre d'hommes.
Can-hung,	Fenk-junk	4	3,200
	Iroé-junk	4	4000
	Iroé-haim	4	4000
	Coupeurs de têtes	12 comp.	800
Ong-jong-don-ton,	Cinq régimens	10	6000
Ong-jong-don-sna,	Cinq régimens	10	6000
Ong-jong-don-ham,	Cinq régimens	10	6000
Ong-jong-don-thien,	Cinq régimens	10	6000
Ong-ban-jouk-thien,	Cinq régimeus	10	6000
	Bufles espèce de cavalerie anciennement d'usage, mais aujourd'hui décréditée	24 esc.	6000
Le Prince Royal,	Corps de Saakoun	20	12,000
Ong han-Quonn,	Corps don-han	14	11,200
Ong-han-Quoan,	Corps de Don-han-Quoan	14	7000
Ong-jien-Quonn,	Corps de Jien-Quoun	14	7000
		Ci	85,200

Généraux.	Régimens.	Bat.	Nombre d'hommes.
	Ci-contre		85,200
Ong-jien-Shpaon,	Corps de Jien-Shpaon	6	4800
Can-King,	Artillerie	30	15,000
Thiy-Chooa, Ong-yam,	Eléphans, 200	16	8000
Ong-jong-joany,	Galères, 100	12	8000
Oug-haa,	Thao	4	1600
Ong-jam,	Arsenal	12	8000
Ong-Koan-baux,	Charpentiers calfats	12	8000
Vaisseaux européens,	un régiment	2	1200
	Total		139,800

LETTRE

DE Mr. L'Eveque d'Adran, &c.

Il y a près d'un mois que je vous ai fait pas-
r une première lettre. Je profite d'une autre oc-
sion pour vous en écrire une seconde. Le Roi
rt dans huit jours pour attaquer *Qui-Nhon;* il n'a
is intention de prendre la ville; mais il compte
laisser à *Nhac* pour s'en servir comme d'un rem-
rt contre celui du Tunquin. A l'excepton de la
ille, il veut tout détruire, et ôter à *Nhac* tous
s moyens de lui nuire; il pourra alors aller atta
uer celui du Tunquin sans avoir rien à crain-
re de celui-ci, il ne mène avec lui que la moitié de
on armée. Dans ses troupes de terre il à 40 Euro-
éens dont l'un est chargé d'un régiment de 600
ommes; dans sa marine il a deux vaisseaux Eu-
opéens très-bien armés. J'espère, si cette expé-
lition réussit avoir occasion d'envoyer des mis-
ionnaires à *Phuyeu, Nhu-trang, Binh-Khang, et
Binh-thnan.*

Le prince jouit d'une bonne santé, mais il
st bien différent de ce qu'il était; le séjour au
milieu des femmes, l'exemple de son père, les discours de tous les mandarins, tout ne contribue pas
peu à lui corrompre le cœur; d'ailleurs les pas-
ions viennent avec l'âge, il est difficile de pré-

voir ce qu'il deviendra dans la suite. Je crois
que l'avantage le plus assuré qu'on puisse retirer,
si cette famille remonte sur le trône, est que
cette mission sera un peu plus tranquille que
toutes les autres. Au reste, tout est entre les
mains de Dieu, après ce que nous venons de voir
en France, le plus court parti est de ne compter
sur rien que sur la divine providence.

L'Evêque d'ADRAN.

LETTRE DE MR. GRILLET,

Missionnaire.

Cochinchine, le 4 Août, 1793.

JE fus envoyé, il y a deux ans, chez un peuple sauvage au nord-est de la Cochinchine avec M. Le Blanc, pour ouvrir à ces pauvres aveugles la porte du salut. La maladie ne nous permit pas de rien faire. Mon confrère en fut la victime; et moi j'en fus quitte pour une maladie de 6 à 7 mois. Ces pauvres gens ne paraissent avoir aucun défaut, qu'une grande stupidité, ils habitent des montagnes, des forêts inaccessibles, ils sont peu nombreux, sans roi, sans chef, indépendans les uns des autres, ils paraissent n'avoir aucune superstition; ils n'ont pas de résidence fixe, dès qu'ils ont demeuré un ou deux ans dans un lieu, ils passent dans un autre. Leur nourriture est le riz; ils en vont prendre au tas commun tous les matins, les femmes le font cuire tandis que les hommes vont à la chasse des rats, c'est leur viande favorite. S'ils prennent ou tuent quelque gibier (ils ont des flèches qu'ils lancent fort adroitement), ils le partagent entre eux; leur vie est des plus fainéantes, ils ne sont curieux

ni envieux de rien; ils sont presque nus; la po-
ligamie n'a pas lieu parmi eux, il n'y a dans
chaque village qu'une maison allongée, divisée
en autant de petites cellules qu'il y a de chefs;
ils cultivent leurs champs et font la moisson en
commun.

Leur pays s'étend jusqu'en Chine, ils ont des
bœufs ou bufles en quantité dans les cantons qui
touchent immédiatement la Cochinchine, ceux
chez qui j'ai été envoyé ne nourrissent que quelques cochons, volailles, chevres, &c. Si Dieu
donnait des moyens pour ouvrir cette mission,
il parait que la religion y trouverait moins d'obstacles que chez les peuples voisins,......Quel
spectacle attendrissant de voir ces pauvres gens
venir vous saluer, vous faire leurs petits présens
et vous conjurer avec larmes de rester parmi eux,
pour les instruire et en faire des hommes comme
nous? Pour moi dussai-je y mourir, si Mgr.
l'évêque me le permet, j'irai faire une nouvelle
tentative.

PRÉFACE

D'un Dictionnaire Tunkinois, Portugais, Latin.

Linguæ annamiticæ seu Tunkinensis Brevis Declaratio.

Viciniora orientali plagæ idiomata præcipue vero Chinense et Tunchinense, & exparte etiam Japonense, artem illa addiscendi habent a nostratibus linguis longè diversam; carent enim omninò generibus; declinationes etiam non habent proprie, neque numeros; Tunchinica certe lingua, de quâ nunc agimus, nullas habet conjugationes, tempora nulla, aut modos; sed hæc omnia explicantur, vel per aliquarum particularum additionem, vel ex antecedentibus & consequentibus ita colliguntur, ut qui peritiam linguæ habent, benè percipiant tempus, aut modum, & numerum, qui significatur in oratione prolata. Imo sæpè idem ipsum vocabulum habet significationem nominis & verbi, & ex adjunctis facilè potest intelligi, an eo loco talis vox sit nomen, aut verbum.

Duo tamen præcipuè sunt in hoc idiomate notanda, è quibus tanquam fundamentis tota ratio benè addiscendæ hujus linguæ pendet, ita ut sine illis a nostratibus hæc lingua vix teneri possit, sicuti enim homo constat ex corpore & anima, sic etiam hoc idioma constat ex characteribus quibus a nobis conscribitur, & ex tonis seu accentibus quibus notatur & pronunciatur; quibus duobus prius explicatis & positis tanquam fundamentis, de partibus orationis, & præceptis in ipsa oratione seruandis agendum postea.

COMMANDEMENS DE DIEU.

Ecrits avec les Caractères inventés par les Euro-péens, pour exprimer les sons Tunkinois, autant qu'il est possible d'y correspondre par les sons Européens.

I.

Dêù Ran thû nha't
Kin'h chuông môt thien
dia'
Chan chu'a trên hét moi
su'

Ordonné par ordre premier.

Adorer, aimer le seul Seigneur, gouvernant le ciel, la terre, au-dessus de toutes choses.

II.

Dêù Ran thu'' hai
cho' lâ'y ten thien chu'a
mà hu thé

Ordonné par ordre second.

Ne prendre le nom du Seigneur du ciel, pour en vain jurer.

III.

Dêù Ran thu' ba
què nhung lê lay

Ordonné par ordre troisième.

Garder tous les Dimanches.

IV.	*Ordonné par ordre le quatrième.*
Dêù Răn thư'o bon Thao kinh cha me	Honorer, respecter père, mère.
V.	*Ordonné par ordre le cinquième.*
Dêù Răn thư'o năm chó'⁰ gi'êt ngu'o'i	Ne pas tuer homme.
VI.	*Ordonné par ordre le sixième.*
Dêù Răn thư'o san' cho'⁰, laìn tà dam	Ne pas faire fornication.
VII.	*Ordonné par ordre le septième.*
Dêù Răn thư'⁰ bay² cho'⁰ an trôm cu'ôp	Ne pas voler, piller.
VIII.	*Ordonné par ordre le huitième.*
Dêu'⁰ Răn thư' tam' chó'⁰ no'i chu'ng dôi	Ne pas dire témoignage menteur.

IX.	Ordonné par ordre le Neuvième.

Dêù Răn thu'ᵘ chi'n cho' muô'n vo'' chùng ngu'o'ị	Ne pas désirer la femme, le mari de personne.

X.	Ordonné par ordre le dixième.

Dêù Răn thù mù'oi cho' tham aia² ngu'o'ị.	Ne pas désirer le bien de personne.

EXTRAIT DU TESTAMENT DE KANG-HY.

Empereur de Chine et des deux Tartaries,
Orientale et Occidentale. **(1723.)**

Ce testament quoiqu'il ne soit pas d'un souverain du Tunkin, peut être considéré comme n'étant pas absolument étranger à ce pays; non-seulement parce que les Tunkinois tirent leur origine des Chinois, mais plus encore parce qu'ils en ont conservé les constitutions, le régime, le style législatif. Cette pièce émanée d'un des plus grands empereurs qu'ait eu la Chine, donne une juste idée de la manière dont les souverains de l'un et l'autre état manifestent leurs volontés à leurs sujets. On y entend un prince tout puissant parler la langue de la raison, de la morale, de l'humanité, de la religion, plus que celle de l'autorité, sans toutefois que ses ordres soient moins absolus; on y voit la forme dans laquelle les souverains du Tunkin ainsi que ceux de la Chine confèrent la couronne à celui de leurs enfans, qu'ils choisissent pour leur succéder, parce qu'il paraît par ses qualités mériter la préférence.

———

Depuis la fondation de l'empire jusqu'à la dynastie regnante, il n'est point d'empereur qui ne se soit fait une loi de respecter le ciel, et d'imiter ses ancêtres *.

Selon cette loi qui est la base de tout bon gouvernement, le principal devoir d'un empereur est de maintenir l'ordre, la paix et l'abondance dans l'empire, de veiller sans relâche à écarter loin de ses sujets, tout ce qui pourrait troubler leur bonheur et leur tranquillité, de traiter les étrangers avec bonté, d'entretenir un commerce réciproque avec les autres nations, et de jouir avec elles des richesses contenues dans les quatre mers.

Heureux le prince qui fait de ce devoir sacré la règle inviolable de sa conduite!

Pour moi me voici parvenu aujourd'hui à la soixante-dixième année de mon âge, et à la soixante-unième de mon règne. Ce n'est point à ma faible vertu que je suis redevable d'avoir vécu et régné si long-temps, ce double privilège, je le dois uniquement à la protection du ciel et de la terre, à la faveur de l'esprit qui préside à toutes les générations, et au mérite singulier de mes ancêtres.

---

* Malgré l'assertion de l'empereur Kang-hy plusieurs empereurs Chinois ont été injustes, débauchés, cruels, mais il était utile de donner à la nation cette opinion de la vertu résidente toujours sur le trône, et cette assertion en imposait à la masse ignorante du peuple.

J'ai lu attentivement l'histoire de la monarchie. Depuis le règne de Hoang-ty son fondateur jusqu'à présent, il s'est écoulé quatre mille trois cent cinquante ans; et des trois cent et un empereurs qui ont occupé le trône durant ces quarante trois siècles *, il n'en est pas un seul qui ait gouverné l'empire aussi long-temps que moi; je ne m'attendais pas à fournir une aussi longue carrière. Quand j'eus atteint la vingtième année de mon regne, je ne comptais pas sur la trentième, parvenu à la trentième je n'osais me flatter d'arriver à la quarantième. Quelle distinction, quelle faveur que le ciel m'ait conservé jusqu'à la soixante-unième!

Nous lisons dans le Chu-king † qu'une longue vie, les richesses, la force du corps jointe au repos de l'esprit, l'amour de la vertu et une heureuse mort dans une grande vieillesse sont les cinq sources principales d'où dérive le bonheur de l'homme.

---

* En comprenant Kang-hy dans le nombre des empereurs qui ont régné en Chine pendant les 4350 ans qu'avait duré cet empire en 1723, le terme moyen du regne de ces 302 empereurs est de 14 ans, 4 mois, 25 jours, ce qui est fort inférieur à l'estime de Newton.

† Le Chu-king est un des cinq livres sacrés des Chinois; il contient les principaux événemens de leurs anciens temps, les principes du gouvernement, les préceptes de la morale.

D'où l'on doit inférer qu'il y a bien peu d'hommes parfaitement heureux ; car il est bien rare que cette dernière source de bonheur se trouve réunie aux quatre premières.

J'ignore et je ne saurais prévoir quel sera le dernier de mes jours. Mais dans l'âge avancé où je suis, je m'estime parvenu au comble du bonheur. Maître d'un grand empire, je préside à tout ce qui est contenu dans les quatre mers qui environnent la Chine*. Chef de famille, mes fils et mes petits-fils, qui sont au nombre de cent cinquante, m'assurent une longue et brillante postérité ; d'ailleurs, plus de guerres, plus de troubles dans mes états, d'un bout de mon empire à l'autre tous mes sujets, soumis et fidèles, jouissent de la paix la plus profonde.

. . . .

O vous tous, qui composez ma famille, ne

---

* Les géographes Chinois représentent la terre comme formant un quarré, environné des quatre côtés par des mers. Cette terre n'est autre chose que la Chine qu'ils appellent *Tchong-Kuo* royaume du milieu, parce qu'ils imaginent que les autres royaumes, ne sont que de petites îles, dispersées à l'entour dans les quatre mers ; ils sont aujourd'hui plus instruits, mais ils laissent subsister leurs anciennes cartes géographiques.

vous affligez point de mon retour *. Pourvu que vous viviez long-temps, et dans une parfaite intelligence, je suis content, et je meurs avec plaisir.

Yong-tsing, mon quatrième fils, me ressemble par bien des endroits, il a tous les talens nécessaires pour bien gouverner l'état. Je lui ordonne de prendre après ma mort possession de l'empire.

---

* Dans la langue Tartare s'en retourner, a la même signification que mourir; ce qui indique l'idée de l'immatérialité de l'âme, de sa pré-existence à la vie humaine, et de sa survie.

SOMMAIRE.

TOME I.

INTRODUCTION, (p. 1.)

1º. La surface du globe est connue, le temps est arrivé de tirer parti de cette connaissance ; 2º, Intérêt qu'offre la notion du Tunkin, &c. ; 3º, moyens employés pour obtenir cette notion.

PREMIERE PARTIE.

CHAP. I. (p. 11.)

Dénomination du Tunkin, &c.—1º, Falsification par les Européens des noms des pays Asiatiques ; 2º, erreurs relatives au Tunkin et pays adjacens ; 3º, erreurs dans la dénomination des titres, ainsi que des lieux.

CHAP. II. (p. 16)

Aspect Géographique—1º, Situation des états sous la domination de l'empereur du Tunkin ; 2º, détails de la situation de ces états ;

3º, montagnes ; 4º, fleuves, rivières, &c. ; 5º, côtes et rades ; 6º, îles.

CHAP. III. (p. 26.)

Aspect Météorologique—1º, Douceur du climat ; 2º, exemptions des excès de chaleur et de froid; 3º, susceptibilité de l'air; 4º, durée des saisons ; 5º, différence du climat en divers cantons et lieux de ce pays ; 6º, vents et courans; 7º, orages et ouragans.

CHAP. IV. (p. 37.)

Aspect Géologique—1º, Retraite de la mer sur les côtes du Tunkin; 2º, qualité des terres ; 3º, cavernes; 4º, mines ; 5º, mauvaise qualité des eaux ; 6º, phénomène.

CHAP. V. (48.)

Aspect Authropologique—1º, Cinq races d'hommes. De laquelle sont les Tunkinois ? 2º, traits des Tunkinois ; 3º, constitution physique, et force; 4º, quelques qualités corporelles ; 5º, autres qualités ; 6º, maladies; 7º, longévité.

CHAP. VI. (p. 56.)

Population—1º, Estime par approximation de la population de ces pays ; 2º, quelle est la distribution de la population ; 3º, grande perte de la population par la famine, et par les guerres civiles.

CHAP. VII. (p. 64.)

Aspect Zoologique—1º, Animaux domestiques ; 2º, animaux sauvages et dangereux ; 3º, chasse de ces animaux; 4º, animaux sauvages et pacifiques ; 5º, reptiles, &c.; 6º, poissons ; 7º, oiseaux.

CHAP. VIII. (p. 84.)

Sol et Culture—1º, Produit du sol ; 2º, grains et leur nature ; 3º, plantes ; 4º, arbres à fruit de l'Inde ; 6º, arbres ou plantes qui fournissent des épices ou des boissons; 7o, arbres et plantes qui fournissent les matières premières des arts; 8 , bois odoriférans; 9o, palmier et bambou; 10', arbres d'une qualité nuisible; 11o, fleurs; 12, protection accordée à la culture; 13', culture du riz; 14', culture des plantes et des légumes; 15o, culture pour l'agrément; 16', évaluation de l'étendue du terrein cultivé.

CHAP. IX. (p. 117.)

Pêche et Navigation—1o, Art de la pêche porté très-loin; 2o, divers procédés employés pour la pêche; 3o, imperfection de l'art de la navigation; 4o, construction des bâtimens de mer.

CHAP. X. (p. 130.)

Arts et Manufactures—1o, Imperfection des arts en général; 2o, divers exemples; 3o, dans quelques genres d'ouvrages défectuosité des substances employées; 4o, dans la plupart des arts défectuosité des procédés de l'ouvrier; 5o, manque absolu de quelques arts; 6o, obstacles au perfectionnement des arts.

CHAP. XI. (p. 139.)

Beaux Arts—1o, Des beaux arts en général; 2o, musique; 3o, déclamation; 4o, peinture, gravure, sculpture; 5o, danse; 6o, architecture; 7o, observation sur l'intérêt dont est le perfectionnement des beaux arts dans ce pays.

CHAP. XII. p. (154.)

COMMERCE.

Commerce intérieur—1o, ce qu'il est entre les divers états soumis à la domination de l'empereur, entre les villes et les campagnes, entre les habitans d'une même commune; 2', obstacles à la prospérité du commerce; 3o, principaux objets de commerce intérieur; 4o, l'activité du commerce intérieur obstruée par le défaut de chemins; 5o, facilité par la communication par eau; 6o, obstacle à l'activité du commerce, par la difficulté de la correspondance épistolaire ; 7º, mesures d'usages dans le commerce ; 8º, monnoyes ; 9º, bonne foi dans le commerce ; 10º, le commerce intérieur a lieu par petites parties, très-rarement en grandes masses ; 11º, haut intérêt de l'argent.

Commerce Extérieur—1º, Limites fort resserrées du commerce extérieur du Tunkin ; révolutions qu'il a éprouvées ; 2º, le commerce de la Cochinchine un peu plus étendu, cours qu'a eu ce commerce ; 3º, régime du commerce extérieur ; 4º, objets d'exportation et d'importation.

CHAP. XIII. (p. 173.)

Alimens—1º, Trois besoins essentiels de l'homme, *aliment, vêtement, logement,* ces besoins sont moins exigeans dans le climat du Tunkin que dans d'autres.   Dans tous l'aliment est le besoin le plus exigeant ; 2º, abondance et bonne qualité des végétaux alimentaires ; 3º, des poissons ; 4º, des animaux terrestres qui forment aliment ; 5º, des animaux aëriens ; 6º, boissons ; 7º, préparation des alimens ; 8º, ordonnance des repas ; 9º, abondance et variété des substances alimentaires ; ces substances n'étant pas sujettes à souffrir des mêmes désordres de la nature, sont supplémentaires les unes des autres.

CHAP. XIV. (p. 187.)

Vêtement—1º, Forme des vêtemens ; 2º, couleur des vêtemens ; 3º, bon marché des vêtemens.

CHAP. XV. (p. 192.)

Logement—1º, Consistance des maisons ; 2º, matériaux des maisons et distribution du logement ; 3º, quelques formes de construction tenant à des localités ; 4º, convenance pour ce pays de la forme de ces maisons.

SECONDE PARTIE. (p. 197.)

~~~~~~

Objet de la 2e Partie, Ordre Social.

CHAP. I. (p. 199.)

Constitution Politique et Gouvernement—1º, La constitution du Tunkin n'a point pour base un consentement national ; 2º, la souveraineté du Tunkin est dépendante de la Chine suivant les lois, indépendante en réalité : 3º, là constitution de l'état est despotique ; 4º, modification de ce despotisme ; 5º, la nation divisée en deux ordres, le premier formé des royaux ; 6º, dans le second ordre sont les populaires ; 7º, organisation politique du Tunkin ; 8º, droit politique des autres états soumis à la domination de l'empereur ; 9º, le malheur de ces pays vient moins de la puissance conférée par les lois, que de l'abus de cette puissance ; 10º, système politique dans les relations extérieures.

CHAP. II. (p. 215.)

Droit Privé—1º, Etat de l'homme, liberté personnelle ; 2º, mariage ; 3º, puissance paternelle ; 4º, droit de succéder ; 5º, des contrats et des dettes ; 6º, administration de la justice dans les affaires civiles ; 7º, et dans les affaires criminelles ; 8º, peines décernées contre les coupables ; 9º, degrés de juridiction ; 10º, corruption des juges ; 11º, maintien de la sûreté publique.

CHAP. III. (p. 235.)

Finance—1º. Nécessité de l'existence des impôts dans le Tunkin ; 2º, impôt personnel ; 3º, impôt territorial ; 4º, fournitures en nature et corvées ; 5º contribution au service militaire ; 6º, droit de douane; 7º, droit sur le sel; 8º, considérations générales sur ces impôts.

CHAP. IV. (p. 247.)

Force Militaire—1º, Ancien art de la guerre dans ce pays; 2º, état actuel de la force armée; 3º, organisation de l'armée; 4º, caractère du service militaire; 5º, ration, solde, vêtement du soldat; 6º, armement; 7º, rectification de l'armement et de la manœuvre; 8º, discipline; 9º, force maritime.

CHAP. V. (p. 262.)

Religion—1º, Puissance de la religion; 2º, influence du dogme, des préceptes, du culte; 3º, le Tunkinois n'est point idolâtre; 4º, sa religion est le polythéisme, dogme; 5º, préceptes; 6º, culte; 7º, bonzes; 8º, chez quelques peuples de ces pays, nullité ou bisarreries des idées religieuses; 9º, religion de Confutzée; 10º, christianisme.

CHAP. VI. (p. 290.)

Mœurs—1º, Respect de la propriété; 2º, répugnance pour l'effusion du sang; 3º, bienfaisance; 4º, c'est le pays de l'amitié; 5º, affection pour les parens, respect pour la vieillesse; 6º, sort des femmes; 7º, genre de décence; 8º, prostitution rare; 9º, caractère communicatif; 10º, disposition à la gaité; 11º, goût pour le luxe; 12º, caractère civique; 13º, courage; 14º, sentiment de l'honneur; 15º, paresse; 16º, gourmandise; 17º, vanité; 18º, causes de ces défauts; 19º, haines nationales; 20º, mœurs particulières du Tsiampa, du Laos, du Lac-tho; 21º, mœurs distinctives de diverses provinces, et de diverses classes de la nation.

CHAP. VII. (p. 313.)

Usages—1º, Leur force; 2º, de la parure; 3º, usage du betel; 4º, manière de s'asseoir, et de se faire transporter d'un lieu à un autre; 5º, dénominations; 6º, formes de la politesse; 7º, enterremens; 8º, deuil; 9º, fêtes; 10º, spectacles; 11º, jeux.

CHAP. VIII. (p. 331.)

Langue—1o, La langue Indice, de l'esprit et du caractère national ; exemple de la langue française ; 3o, analogie et différence de la langue Tunkinoise avec la langue Chinoise dont elle est dérivée; 4o, organisation de cette langue ; 5o, son caractère ; 6o, prononciation ; 7o, écriture ; 8o, plan de réforme de l'écriture.

CHAP. IX. (p. 350.)

Sciences—1o, Imperfection des sciences dans le Tunkin ; 2o, état de plusieurs sciences ; 3o, médecine ; 4o, moyens de transmission des connaissances, imprimerie; 5o, protection accordée à l'instruction et aux sciences.

CHAP. X. (p. 358.)

Littérature—1o, Les Tunkinois ont une haute opinion de leur littérature; 2o, la richesse de la langue Tunkinoise est d'un genre qui ne sert pas la littérature ; 3o, style sage ; 4o, succès dans l'art oratoire ; 5o, l'histoire n'est ni exacte ni bien écrite ; 6o, caractère de la poésie ; 7o, drames; 8o, déchéance de la littérature, possibilité de sa restauration.

TOME II.

TROISIEME PARTIE.

CHAP. I. (p. 1.)

Evénemens principaux dans le Tunkin, la Cochinchine, et autres Etats. Quatre époques à distinguer.

1ère Epoque—1º, Les Tunkinois issus des Chinois, antiquité de l'origine de ces nations ; 2º, le Tunkin habité depuis 2000 ans ; 3º, le Tunkin gouverné tantôt par des vice-rois de l'empereur de la Chine, tantôt par des rois qu'il se donnait, érection de cet état en royaume dépendant, et tributaire de la Chine.

IIème Epoque—1º, Etablissement dans le Tunkin d'un *Chua-vua* héréditaire ; 2º, usurpation de cette dignité ; 3º, dissensions et guerres qui suivent cette usurpation ; 4º, inféodation de la Cochinchine, et érection de ce pays en royaume dépendant, tributaire du Tunkin.

IIIème Epoque—1º, La puissance du *Chua-vua* rend celle du roi illusoire ; 2º, la Cochinchine devient une puissance rivale du Tunkin, quoique dépendante.

IVème Epoque—1º, Restauration de la puissance royale dans le Tunkin, la dignité de *Chua-vua* n'est plus héréditaire ; 2º, en Cochinchine interversion de l'ordre de succession à la couronne ; 3º, révolution en Cochinchine, le Tunkin y intervient ; 4º, insurrection des *Tay-son* en Cochinchine ; 5º, le roi illégitime est mis à mort ; 6º, usurpation de la Cochinchine par les trois frères *Tay-*

son, malheurs et massacres des rois légitimes, leur héritier *Ong-Nguy-en-Chung* empereur actuel du Tunkin échappe aux rebelles ; 7o, ce prince combat les *Tay-son* usurpateurs de ses états, et après des succès divers est obligé de fuir ; 8o, il se retire à Siam, y rend de grands services au roi de ce pays, et cependant n'y est pas en sûreté; 9o, invasion d'un des *Tay-son* dans le Tunkin, et stratagème très-extraordinaire ; 10o, partage de la Cochinchine entre les trois frères Tay-son ; un d'eux fait une seconde invasion dans le Tunkin, et en usurpe la souveraineté ; Nguy-en-Chung rentre dans la Cochinchine, mais est vaincu ; 11o, négociations et traité de *Nguy-en-Chung* avec la France, il rentre dans la Cochinchine et s'en empare, ainsi que de quelques pays adjacens, mais le traité avec la France n'a point d'exécution; 12o, il brûle la flotte de *Nhac* l'aîné des Tay-son, *Can-thinh* neveu de *Nhac*, marche à son secours, mais sous ce prétexte le dépouille de ses états, mort de Nhac ; 13o, guerre de *Nguy-en-Chung* contre *Can-thinh* qui est surpris et obligé de fuir; 14o, *Can-thinh* rassemble une armée, attaque la Cochinchine, mais son armée est séduite, et se débande ; 15o, une autre armée de *Can-thinh* qui avait pénétré dans la basse Cochinchine périt presque entièrement dans le passage par le Laos; 16o, *Nguy-en-Chung* est reconnu souverain du Tunkin et de la Cochinchine, et prend le titre d'empereur ; 17o, mœurs et conduite de ce prince ; 18o, altération dans ses mœurs depuis qu'il est en possession paisible de ses états ; 19o, difficultés qui s'élèvent sur la succession future au trône ; 20o, résultat de son règne.

CHAP. II. (p. 55.)

Résumé.

Résumé des Faits—1o, Aspect des grands avantages du Tunkin ; 2o, balance des avantages et des désavantages, climat, température, qualité des eaux, &c. ; 3o, coupe du terrein ; 4o, richesse intérieure; 5°, production de la végétation, grains; 6°, arbres; 7°, animaux; 8°, œuvres industrielles; 9°, morale; 10°, intelligence; 11°, institutions politiques et civiles; 12°, comparaison avec les autres nations en général; 13°, avec les nations Américaines avant leur communication avec l'Europe; 14°, avec les nations Européennes depuis le 12ème siècle jusqu'au seizieme; 15°, avec les Français; 16°, avec les peuples de l'Inde en général; 17°, avec les peuples de la presqu'île de l'Inde au delà du Gange; 18°, avec les Chinois; 19°, résultat de ces divers genres d'estime.

Resumé des Causes.

1°, Utilité du rapprochement des causes pour en juger la force et les effets; 2°, effet du climat; l'humidité de la température douce et chaude, relâchant la fibre, porte à l'inaction favorisée par l'usage des boisons chaudes; 5°, cependant ce peuple rappelé à l'action par la nécessité de satisfaire aux charges de l'état; 6°, le relâchement de la fibre favorable à la méditation, par l'inaction du corps, mais contraire aux grands efforts de l'esprit; 7°, la stagnation de l'intelligence tient aussi aux difficultés que la langue met à l'instruction, et à la déviation de l'opinion par l'idôlatrie et le despotisme; 8°, en même temps que ces institutions cimentent l'ignorance, l'ignorance consolide ces institutions; 9°, puissance des usages; 10°, usages utiles et nuisibles sous divers rapports; 11°, origine du sort du Tunkin dans ses institutions politiques; 12°, causes de l'imperfection des œuvres industrielles; 13°, causes de la diversité des mœurs dans les diverses parties de l'empire; 14°, les malheurs du Tunkinois procèdent plus de sa faute que de la faute de la nature, et plus de son impéritie que de sa méchanceté.

CHAP. III. (p. 97)

Aperçu de l'Avenir.

1°, Imperfection de la prévision politique; 2°, cette prévision plus imparfaite encore quand elle a pour objet un état despotique; 3°, changemens dans le Tunkin signalés par les changemens généraux qui s'opèrent sur toute la surface du globe; 4°, relation des changemens moraux et politiques avec les changemens physiques; 5°, délaissement de la mer, &c.; 6°, rectification des principes de la morale; 7°, rectification des opinions sur tout genre d'objets; 8°, perfectionnement des idées scientifiques; 9°, direction donnée à ces idées dans le Tunkin; 10°, avantages résultans de la réunion de six états sous une même domination; 11°, dissensions intérieures moins à craindre; 12°, l'état plus à l'abri des guerres extérieures; 13°, l'état sans intérêt d'entreprendre des guerres offensives; 14°, avantages qui doivent résulter d'une longue paix; 15°, avantages qu'on peut attendre de la protection accordée aux sciences, et du progrès des connaissances humaines; 16°, quelles relations de commerce les Européens peuvent-ils espérer former avec le Tunkin; 17°, objets d'exportation; 18°, objets d'importation; 19°, quels motifs a le Tunkin pour se livrer au commerce extérieur ou pour s'y refuser? 20°, nulle apparence d'un commerce extérieur fait par le Tunkinois; 21°, le Tunkin peut occuper ses citoyens à des objets dont l'intérêt prévaut sur l'intérêt du commerce; 22°, inconvéniens pour le Tunkin de porter ses citoyens à la navigation de long cours, et à l'introduction dans le pays étranger; 23°, motifs pour que le Tunkin proscrive même l'admission de l'étranger dans ses ports; 24°, apparence des dispositions personnelles de l'empereur actuel; 25°, quand même l'empereur admettrait l'étranger dans ses ports, doutes sur le maintien de ce régime; 26°, nul grand intérêt ne porte à cette admission; 27°, cependant il y a vraisemblance qu'un long temps ne se passera pas sans qu'elle ait lieu; 28°, mais avec les restrictions usitées dans la Chine et au Japon; 29°, possibilité d'une grande concession de commerce s'il survient quelque crise dans le Tunkin; 30°, obstacles à la constitution de l'état, à un très-grand commerce; 31°, autres obstacles dans les vices de l'adminis-

tration ; 32°, le commerce avec le Tunkin particulièrement avantageux aux nations manufacturières; 33°, ce commerce ne peut se
faire que par une compagnie de commerce; 34°, ces spéculations
sur le commerce du Tunkin peuvent devenir illusoires, par un
changement de l'opinion des Européens sur l'utilité du commerce
de l'Inde ; 35°, aperçu de la destinée du Tunkin, considérée
en général ; 36°, aperçu de cette destinée pour des temps
éloignés.

FIN.

De l'Imprimerie de Vogel et Schulze, 13, Poland Street, Londres.

ERRATA DU SECOND VOLUME.

Page 3, *Ligne* 1, influencée, lisez, influence
———— 8, dépouilles, lisez, débris
———— 4, ———— 19, antérieure de quatre-vingt-huit milles années, lisez, antérieure de trois millions huit cent quatre-vingt et tant de mille années
———— 7, ———— 6, donnés, lisez, donné
————10, ————20, ans. lisez, ans,
————44, ————10, avoit, lisez, a
————11, avoit, lisez, a
————14, a, lisez, avoit
————46, ————21, Phu-xuam, lisez, Phu-xuan
————55, ———— 7, désordonnés, lisez, désordonnées
————58, ———— 8, mortifique, lisez, morbifique
————60, ————27, passant, lisez, passent
————63, ———— 6, grand, lisez, grande
————71, ———— 6, rapports, lisez, rapports ;
————99, ———— 7, intervertions, lisez, interversions
————101, ———— 2, entraînent, lisez, en entraînent
————20, la même, lisez, le même
————24, emba que, lisez, embarque
————104, ————23, divins, lisez, devins
————109, ———— 1, considérés, lisez, considérées
————18, elles, lisez, celles
————112, ———— 3, pourrait, lisez, pourrait
————116, ————13, subsistences, lisez, subsistance
————126, ———— 1, l'importation des, lisez, l'importation, des
————136, ————20, existent, lisez, existant
————137, ———— 5, Gia-laong, lisez, Gia-long
————138, ————19, plus trente, lisez, plus de trente
————140, ————25, parviendrai, lisez, parviendra
————147, ————11, nulias, lisez, nullas
————158, ———— 4, exemptions, lisez, exemption
————159, ————39, facilité, lisez, facilitée
————167, ————33, à la, lisez, par la

www.ingramcontent.com/pod-product-compliance
Lightning Source LLC
Chambersburg PA
CBHW072146270326
41931CB00010B/1904